中学英語総整理
60日完成
新版

高校受験

白田勇吉 ● 評論社

中学英語総整理
60日完成

新版

PLAN UP

白田退告 ● 評論社

はしがき

　入試にそなえて，中学3年間に習った英語をどのようにまとめるか――これは受験生であるかぎり，だれでも迫られる課題です。

　限られた時間内では無駄はできません。また実戦に役立たないようなまとめでは意味ありません。

　要は，ベストな「まとめ方」と「ためし方」をしっかりつかんで，**短期間に最大の効果**をあげることです。

　さて，この本は，計画的に，段階をふんで，中学英語の総まとめができ，**入試に直結した実力**が養えるよう念入りにくふうしてあります。

　と同時に，長年の経験から「受験生はどんな点が弱いか」を単元ごとに検討し，**弱点強化のコーナー**をもうけました。

　なお，最新の傾向として，「聞く，話す」の英語力の向上がますますクローズアップされてきました。話す英語に強くなるためには，日常よく使われる対話に慣れることです。そこで「よく使う英会話基本文例集」を巻末に加えました。

　この本を大いに活用し，本番に強くなってくだされば幸いです。

　最後に，みなさんの成功を心から望んでやみません。

白田勇吉

この本の特色

(1) **1日2ページ，60日で効果的な総まとめが完成**

　　1日2ページをたて前とし，60日で中学英語の重要事項が総仕上げできます。頑張って4ページずつやれば，1か月で終了します。

(2) **奇数日はまとめと問題研究，偶数日には実力テスト**

　　たしかな実力をつけるためには，まとめた知識が入試でじゅうぶん通用するものでなければなりません。そういう意味から組み合わせをくふうしました。

(3) **「1，2年復習コース」→「3年強化コース」→「入試対策コース」の3本建てによる計画学習**

　　60日分を「復習コース」，「強化コース」，「対策コース」に区分し，要点をついた，無理のない学習が実行できるようにしてあります。

(4) **受験生の弱点を指摘，各まとめのページにはその補習指導**

　　〈受験生はこんなところが弱い〉という学習項目を各単元ごとにもうけ，実際に役立つ対策と指示をあたえておきました。

(5) **ひとりで学習できるための解説やヒントが豊富**

　　別冊の解答欄には，解き方についてのくわしい解説を，また長文に対しては，全文の意味までのせておきました。指導者がいなくても大丈夫です。

(6) **自己採点により，自力の学力レベルがわかる得点表**

　　テストは採点がしやすいように，配点を各4点（長文は各5点）に統一し，得点表には一応の基準を示して，自分の学力レベルがはかれるようにしてあります。

この本の使い方

（1） 原則として，1日2ページを計画的にやりましょう。

　　　最初の18日で「1, 2年の総復習」を，次の22日で「3年の学力強化」を，最後の20日で「入試対策の仕上げ」をしてください。

　　　なお，巻末には入試に必要な「単語・熟語集」を付録につけてあります。

（2）「まとめと重要問題の研究」（奇数日）→「実力養成テスト」（偶数日）の2段方式を着実にやりぬきましょう。

　　　50日までは「まとめ」とそれに直結した「テスト」を交互に組み合わせてありますから，ページをとばさないようにすることが大切です。

（3） 奇数日の〈要点学習〉と〈重要問題の研究〉で，各単元のポイントをまとめ，基礎知識をたかめましょう。

　　　わく内の〈要点〉は絶対に暗記しなければならない重要事項です。その下の〈受験生はこんなところが弱い〉も実戦用として活用しましょう。

　　　〈重要問題の研究〉には，入試でもっともよく出る例題をのせました。

（4） 偶数日の〈実力養成テスト〉は所要時間40分，自分で採点しましょう。

　　　ここであつかう問題も，入試で頻度数の多かったものばかりです。

　　　配点は50日までが各4点，長文に入ってから各5点と統一しましたので，採点は簡単です。テストの結果が悪かった場合は，前のまとめが不徹底だったからです。もどって，見直しをしましょう。

（5） 解答編の解説をよく読んで，まちがいの原因をつきとめましょう。

　　　この本の特色の1つは，自分でまとめ，自分でためすところにあります。「解説」によって，「なぜちがったか」の原因をたしかめましょう。

（6） 巻末の「よく使う英会話基本文例集」を活用しましょう。

　　　最近特に強調されている身近なことを英語で表現する要領を身につけてください。「習うよりも慣れろ」が上達のポイントです。

（7） ＊印のついた単元・問題

　　　現行の教科書による授業では学習しませんが，中学校で学習する内容を充実・発展させたもので，英語の学力を向上させることに役立つものと考えられます。時間に余裕のある方は挑戦してください。

学習計画表

1，2年復習コース

	月／日	得 点	評 価
第 1 日　現在，過去，未来，進行形…12			
第 2 日　実力養成テスト ……………14			
第 3 日　疑問文，否定文，命令文， 　　　　感嘆文 ………………………16			
第 4 日　実力養成テスト ……………18			
第 5 日　助動詞 ………………………20			
第 6 日　実力養成テスト ……………22			
第 7 日　名詞，代名詞，it の用法……24			
第 8 日　実力養成テスト ……………26			
第 9 日　形容詞，副詞，冠詞 …………28			
第10日　実力養成テスト ……………30			
第11日　比　　較 ……………………32			
第12日　実力養成テスト ……………34			
第13日　いろいろな問答 ……………36			
第14日　実力養成テスト ……………38			
第15日　受動態 (1) ……………………40			

	月／日	得点	評価
第16日 実力養成テスト …………42			
第17日 受動態(2) ………………44			
第18日 実力養成テスト …………46			

3年強化コース

第19日 基本5文型 ………………48			
第20日 実力養成テスト …………50			
第21日 現在完了 …………………52			
第22日 実力養成テスト …………54			
第23日 不定詞(1) ………………56			
第24日 実力養成テスト …………58			
第25日 不定詞(2) ………………60			
第26日 実力養成テスト …………62			
第27日 動名詞 ……………………64			
第28日 実力養成テスト …………66			
第29日 現在分詞,過去分詞 ………68			
第30日 実力養成テスト …………70			
第31日 付加疑問文,間接疑問文, 時制の一致 …………………72			

	月／日	得 点	評 価
第32日　実力養成テスト …………74			
第33日　関係代名詞 (1)……………76			
第34日　実力養成テスト …………78			
第35日　関係代名詞 (2)……………80			
第36日　実力養成テスト …………82			
第37日　前置詞 ……………………84			
第38日　実力養成テスト …………86			
第39日　接続詞 ……………………88			
第40日　実力養成テスト …………90			

入試対策コース

第41日　単語の発音 ………………92			
第42日　実力養成テスト …………94			
第43日　アクセント・文の読み方 ……96			
第44日　実力養成テスト …………98			
第45日　単語の知識 ……………100			
第46日　実力養成テスト ………102			
第47日　熟語の知識 ……………104			

	月／日	得 点	評 価
第48日　実力養成テスト…………106			
第49日　英作文……………………108			
第50日　実力養成テスト…………110			
第51日　長文総合問題(1)…………112			
第52日　長文総合問題(2)…………114			
第53日　長文総合問題(3)…………116			
第54日　長文総合問題(4)…………118			
第55日　長文総合問題(5)…………120			
第56日　長文総合問題(6)…………122			
第57日　長文総合問題(7)…………124			
第58日　長文総合問題(8)…………127			
第59日　長文総合問題(9)…………131			
第60日　長文総合問題(10)…………134			

| 入試対策　英単語・熟語集 …………………………………… 139
| 不規則動詞変化表 ………………………………………………… 180
| 名詞・形容詞・副詞の不規則変化 ………………………………… 181
| よく使う英会話基本文例集 ……………………………………… 183

- 1. 日常のあいさつ
- 2. 紹介
- 3. 応対
- 4. 電話
- 5. 健康
- 6. 招待
- 7. 道案内
- 8. 乗物案内
- 9. 趣味
- 10. スポーツ
- 11. レクリエイション
- 12. クラブ活動
- 13. 語学の勉強
- 14. インターネットとホームページ
- 15. ビデオとアニメ
- 16. 日本の学校，日本の料理
- 17. 体験学習と将来の志望
- 18. ボランティア活動
- 19. お茶の時間
- 20. 買物
- 21. 贈り物とおみやげ
- 22. スーパーマーケットで
- 23. ファーストフード店で
- 24. レストランで
- 25. 国内旅行
- 26. 海外旅行
- 27. 天気予報
- 28. 初詣の打ち合わせ
- 29. アメリカ人とのひと時
- 30. 意見の違い

解答編 ……………………………………………………… 別冊

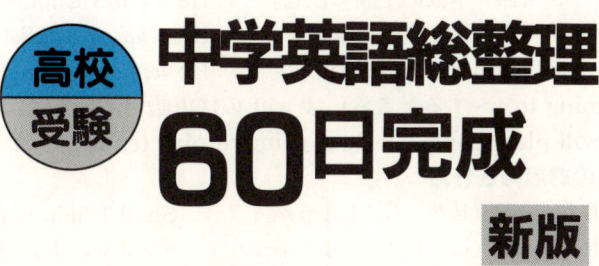

第1日

現在，過去，未来，進行形

要点学習

1. **現在，過去，未来の文**
   現在……3人称・単数の主語に注意。　　He *studies* English.
   過去……動詞の変化をよくおぼえよう。　He *studied* English.
   未来……will のあとの動詞は原形。　　　He *will study* English.
   ◆be going to（～するところ）は will の代用語句として用いる。
   　He will play tennis. → He is going to play tennis.

2. **相手の意志のきき方**
   ┌ **Shall I** ～?（私が～しましょうか。）　　　Shall I help you?
   ┤ **Shall we** ～?（私たちは～しましょうか。）　Shall we skate?
   └ **Will you** ～?（～してくれませんか。）　　　Will you sing for me?

3. **現在進行形，過去進行形**
   ┌ 現在進行形（～している）……is (are, am) + 原形 ing
   └ 過去進行形（～していた）……was (were) + 原形 ing

4. **動詞の変化**
   es のつけ方 → go—goes, teach—teaches, wash—washes, cry—cries
   ed のつけ方 → live—lived, try—tried, stop—stopped
   ing のつけ方 → make—making, sit—sitting, lie—lying

● 受験生はこんなところが弱い ●

① 不規則動詞の変化は付録の変化表を利用して正確におぼえておこう。受験までに70程度をマスターしなければならない。力だめしとして次の動詞の過去形は？
　　　break, find, meet, say, sing, speak, take, tell

② 動詞が現在・過去同形の場合は，3人称，単数の主語に注意しよう。
　　　She read the book. →（否定文）She didn't read the book.
　　　He cut down the tree. →（進行形）He was cutting down the tree.

③ 相手の意志をきく Shall I～? Shall we～? の答え方をおぼえておこう。
　　　Shall I～? → Yes, please do.（お願いします）No, thank you.（けっこうです）
　　　Shall we～? → Yes, let's.（そうしよう）No, let's not.（やめよう）
　（注）Yes, ～. の代わりに Sure.（ええ，いいですとも。）で対応することも多い。

④ 同じ内容の文に書きかえる要領を身につけておこう。
　　　There are seven days in a week. = A week *has* seven days.
　　　Shall we watch television? = *Let's* watch television.

重要問題の研究

＜例題 A＞

文尾の（ ）内の語を適する形になおして，文中の空所に入れなさい。
(1) He threw a ball and _____ the window. (break)
(2) The cat is _____ after the mouse. (run)
(3) I know Jane, and Tom _____ her, too. (know)
(4) What _____ you doing last night? (be)

ヒント (1) 前の動詞 threw（throw の過去）に合わせて break を過去に。(2) 現在進行形に。(3) 現在の文なので，主語に注意。(4) last night があるので過去形に。

＜例題 B＞

〔 〕内の指示にしたがって，各下の文の空所をうめなさい。
(1) Bill and I sat on the bench. 〔進行形の文に〕
    Bill and I _____ _____ on the bench.
(2) I'll visit my uncle tomorrow. 〔同じ内容の文に〕
    I'm _____ _____ _____ my uncle tomorrow.
(3) The garden had a lot of flowers. 〔同じ内容の文に〕
    _____ _____ a lot of flowers _____ the garden.

ヒント (1) Bill and I は複数なので，were を使う。sat の原形は sit (2) will→be going to (3) There を使って，「～がありました」という文にする。

＜例題 C＞

次の各列の語を並べかえて，正しい英文を完成しなさい。
(1) put, I, box, shall, where, this
    この箱をどこにおきましょうか。
(2) another, you, of, will, tea, have, cup
    もう一杯お茶をあがりませんか。

ヒント (1) Where を文頭におき，以下 shall I～の疑問文にする。
(2) Will you ～? を使う。「一杯のお茶」は (a) cup of tea

＜解答＞
A. (1) broke (2) running (3) knows (4) were
B. (1) were sitting (2) going to visit (3) There were, in
C. (1) Where shall I put this box? (2) Will you have another cup of tea?

第2日

実力養成テスト——現在, 過去, 未来, 進行形

1 各空所に下から正しい語（句）を選び，記号を入れなさい。 （各4点）

(1) Miss White is a typist and (　　) in the office.
　ア. work　　イ. works　　ウ. working　　エ. worked

(2) My brother and I (　　) absent from school yesterday.
　ア. was　　イ. am　　ウ. are　　エ. were

(3) Her sisters (　　) lunch then.
　ア. is having　イ. was having　ウ. are having　エ. were having

(4) What (　　) you going to make?
　ア. are　　イ. do　　ウ. did　　エ. can

(5) If it (　　) tomorrow, I will stay at home.
　ア. rain　　イ. rains　　ウ. will rain　　エ. shall rain

2 日本文の意味になるよう，空所に適する語を1つ入れなさい。 （各4点）

(1) Our school (　　　) at eight.
　私たちの学校は8時に始まります。

(2) They (　　　) busy yesterday.
　彼らはきのう忙しくありませんでした。

(3) We (　　　) have a test tomorrow.
　あしたはテストがないでしょう。

(4) It is cloudy now, but it will (　　　) fine in the afternoon.
　いまくもっていますが，午後は晴れるでしょう。

(5) Mr. Brown was (　　　) for his son.
　ブラウン氏は息子をさがしていました。

3 (1)〜(4)の答えを下から選び，(　) 内に記号を入れなさい。 （各4点）

(1) Will you open the window?　　　　(　)
(2) Shall we call a taxi?　　　　　　(　)
(3) Are you going to play baseball?　(　)
(4) Shall I help you after lunch?　　(　)

　ア. Yes, please do.　イ. I will.　ウ. Yes, we do.　エ. Yes, we are.
　オ. No, let's not.　カ. Yes, I will.　キ. Yes, you will.

4　次の各文を〔　〕内の指示にしたがって書きかえるには，下の文の空所にどんな語を入れますか。　　　　　　　　　　　　　　　　　（各空所2点）
(1) Mary stood up and went out of the room. 〔現在の文に〕
　　Mary _____ up and _____ out of the room.
(2) What did you do in the morning? 〔進行形の文に〕
　　What _____ you _____ in the morning?
(3) My brother is very fond of music. 〔同じ内容の文に〕
　　My brother _____ music very _____.
(4) Let's go to the park after breakfast. 〔同じ内容の文に〕
　　_____ _____ go to the park after breakfast?

5　次の文中の①～③の（　）内の語を正しい形になおして，下の答えのらんに入れなさい。　　　　　　　　　　　　　　　　　　　　　　　（各4点）
　One day Tom and his father went for a walk. When they were walking along the country road, Tom ① (see) something before him. He ran to it and ② (stop) suddenly. "Look, Father. There's a frog. See, he's ③ (go) to jump," said Tom.
(注) road [roud] 道，frog [frɑg] かえる
　① _____
　② _____
　③ _____

6　次のことを英語であらわしなさい。　　　　　　　　　　　　（各4点）
(1) 私の母は台所で料理をしていました。(kitchen)

(2) 私といっしょに昼食をたべませんか。

(3) 何時に私たちは外出しましょうか。

(4) 彼らは何をしようとしていたのですか。

| 得点 | 評価 | 基準 | A…85点以上　B…84点〜65点　C…64点以下 | 合格圏 | 75点 |

第3日

疑問文，否定文，命令文，感嘆文

要点学習

1. **疑問文の作り方**
   (1) 文中に be 動詞や助動詞があるときは，それを主語の前に出す。
   (2) be 動詞，助動詞のないとき → Do (Does, Did)＋主語＋原形～?
   　　He was～. → Was he～?　She went～. → Did she go～?
2. **否定文の作り方**
   (1) be 動詞，助動詞のとき→すぐあとに not。～n't と短縮してもよい。
   (2) be 動詞，助動詞以外→主語＋don't (doesn't, didn't)＋原形～.
   　　We will～. → We won't～. They had～. → They didn't have～.
   ◆現在完了の have, has……be 動詞と同じようにあつかう。
   　　Tom *has* done it. → *Has* Tom done it? → Tom *hasn't* done it.
3. **命令文の作り方**
   (1) 「～しなさい」…………原形～.
   (2) 「～してはいけない」……Don't＋原形～.
   (3) 「～しよう」………………Let's＋原形～.
   　　Open it. → *Don't* open it. → *Let's* open it.
   ◆ていねいな依頼には，please を文の初めか終わりにおく。
4. **感嘆文の作り方**
   (1) 形容詞・副詞の強めには How ～!　(2) 名詞の強めには What ～!
   　　He is very tall.　→ How tall he is!（very はとる）
   　　He is a tall man. → What a tall man he is!

● 受験生はこんなところが弱い ●

① 動詞が現在・過去同形（**read, put, cut** など）の場合，主語の人称・数に注意。
　The boy *put*～. → (疑) *Did* the boy put～?　(否) The boy *didn't* put～.
② **is (are, am)** の命令形は **Be** ～. となる。
　You *are* noisy.（うるさい）→ *Be* quiet.（静かに）Don't *be* noisy.（さわぐな）
③ ある感嘆文を別の感嘆文におきかえる要領を身につけておこう。
　How pretty this bird is! ↔ What a pretty bird this is!
　How fast he *runs*! ↔ What a fast *runner* he *is*!
④ 次のような書きかえにも慣れておこう。
　Don't go out. ＝You *must not* (*mustn't*) go out.
　Let's go. ＝*Shall we* go?　Sit down, *please*. ＝*Will you* (*please*) sit down?

重要問題の研究

<例題 A>

日本文の意味になるよう，各文の空所に1語ずつ入れなさい。
(1) _____ _____ careful, Tom.
    トム，もっと注意しなさい。
(2) _____ interesting story it is!
    それはなんとおもしろい物語なのでしょう。
(3) _____ _____ a bad boy.
    悪い少年になってはいけません。

ヒント (1) You are careful. を命令文になおすのと同じ要領。あとの空所には比較級を。(2) うしろに名詞があるので，How は使えない。冠詞に注意。(3)〈要点学習〉参照。

<例題 B>

次の各文を〔 〕内の指示にしたがって書きかえるには，下の文の空所にどんな語を入れますか。1語ずつ書き入れなさい。
(1) The man caught many fish.〔疑問文に〕
    _____ the man _____ many fish?
(2) Tom hit a ball over the fence.〔否定文に〕
    Tom _____ _____ a ball over the fence.
(3) What a good singer she is!〔同じ内容の文に〕
    How _____ she _____!

ヒント (1) 過去の疑問文を作る。caught の原形は？ (2) hit は現在，過去同形。hits となっていないので，この文は過去。(3) 空所に副詞（じょうずに）と動詞を入れる。

<例題 C>

次のことを英語であらわしなさい。
(1) 英語の歌をうたいましょう。_____
(2) きょうはなんと寒いのでしょう。_____

ヒント (1) Let's で文を始める。「歌」は song (2) 気温をあらわす文なので，主語に it を使う。「きょうは」が主語でないので，文の終わりにおく。cold を強める感嘆文に。

〈解答〉
A. (1) Be more (2) What an (3) Don't be（または become）
B. (1) Did, catch (2) didn't hit (3) well, sings
C. (1) Let's sing an English song. (2) How cold it is today!

第4日

実力養成テスト——疑問文, 否定文, 命令文, 感嘆文

1 次の各文の空所に2語ずつ正しい英語を入れなさい。　　(各4点)

(1) _____ to bed at ten.
　　(10時にねましょう。)
(2) _____ late for school again.
　　(二度と学校へおくれないように。)
(3) _____ honest boy he is!
　　(彼はなんと正直な少年なのでしょう。)
(4) _____ they are walking!
　　(なんとゆっくり彼らは歩いているのでしょう。)

2 次の各文を〔　〕内の指示にしたがって書き改めなさい。　　(各4点)

(1) There are some apples in the basket.〔疑問文に〕
　　_____
(2) Bill has lunch with us.〔否定文に〕
　　_____
(3) My sister read the book after supper.〔否定文に〕
　　_____
(4) You are kind to the animals.〔命令文に〕
　　_____
(5) She is a very old woman.〔感嘆文に〕
　　_____

3 上下の文が同じ内容になるよう,下の空所をうめなさい。　　(各文4点)

(1) ⎰You must not touch this box.
　　⎱(　　　) (　　　) this box.
(2) ⎰Let's go to the movies after lunch.
　　⎱(　　　) (　　　) go to the movies after lunch?
(3) ⎰Will you tell me the time?
　　⎱(　　　) me the time, (　　　).
(4) ⎰How well he speaks English!
　　⎱What a (　　　) speaker of English he (　　　)!

4 次の各列の語を並べかえて，正しい英文を完成しなさい。　　　(各4点)
(1) Sunday you go where last did (?)
_____
(2) have cameras good what they (!)
_____
(3) of be dog don't this afraid (.)
_____
(4) radio school listen the after to let's (.)
_____

5 次の文を読んで，下の各問いに答えなさい。　　　(各4点)
①<u>It was a hot day.</u> Tom and Susie went to the sea with their mother. They played together on the beach. Tom learned to swim, but Susie (　　), because she was afraid. Their mother took some pictures of them. Then ②<u>she sat down on the beach,</u> and ③<u>Tom took her picture.</u>
(1) 下線①を感嘆文，②を否定文，③を疑問文に書き改めなさい。
　① _____
　② _____
　③ _____
(2) 本文中の（　）の中に1語を入れなさい。（　　　　　）

6 次のことを英語であらわしなさい。　　　(各4点)
(1) あの橋はなんと長いのでしょう。
_____
(2) この新しいボールを使ってはいけません。
_____
(3) あなたはきのうどんな本を買いましたか。
_____
(4) その小犬を私たちの<u>ペット</u>にしましょう。(pet)
_____

得点	評価	基準	A…85点以上　B…84点～65点　C…64点以下	合格圏	75点

助 動 詞

要点学習

1. may, must とその否定形

may
- 〜してよろしい → may (must) not 〜してはいけない
- 〜かもしれない → may not 〜でないかもしれない

must
- 〜せねばならない → don't (doesn't) have to 〜の必要がない
- 〜にちがいない → can't 〜のはずがない

◆can't にも「できない」,「はずがない」両方の用法がある。

2. have to 〜（ねばならない）, be able to 〜（できる）の変化

（現在）have(has) to〜 （＝must）	is (are, am) able to〜 （＝can）
（過去）had to 〜	was (were) able to〜 （＝could）
（未来）will have to 〜	will be able to 〜

We *must* go there. → （過去の文）We *had to* go there.
Tom *can* swim. → （未来の文）Tom *will be able to* swim.

3. don't have to 〜（必要がない）の変化

（現在）don't (doesn't) have to 〜　　（過去）didn't have to 〜
（未来）won't have to 〜

4. should と would

should……〜すべきだ, **shouldn't**……〜すべきでない
would……ていねいな依頼または控え目な表現に使う。
Would you wait here?（ここでお待ちねがえませんか。）
I *would* like to be your friend.（お友だちになりたいのですが。）

● 受験生はこんなところが弱い ●

① **may not と must not (mustn't) の使いわけ**
同じ「いけない」でも may not は May I〜? →No, you may not. という問答の中で, must not は You must not go. のような独立した文に多く使う。

② 同じ内容の文に書きかえる要領を身につけよう。
Must I 〜?＝Do I have to 〜?　　She could〜.＝She was able to 〜.
◆will＝be going to 〜 だが, 確実な未来の表現には be going to 〜 を使わない。
○ It will be Sunday tomorrow.　　× It is going to be Sunday tomorrow.

③ **have to, has to の発音のしかた**
[hæv], [hæz] の [v], [z] が to の影響をうけて, [hæftə], [hæstə] となる。

重要問題の研究

> **＜例題 A＞**
> 次の各文の意味をいいなさい。
> (1) It may rain this evening.
> (2) That girl must be Tom's sister.
> (3) The news can't be true.

ヒント ここの may, must, can't は「よろしい，ねばならない，できない」ではない。それぞれもう1つの意味があるはず。〈要点学習〉の1参照。

> **＜例題 B＞**
> 上下の文が同じ内容になるよう，下の文の空所をうめなさい。
> (1) {We must do it at once.
>   We _____ _____ _____ it at once.
> (2) {She could drive well.
>   She _____ _____ _____ drive well.
> (3) {You don't need to buy food.
>   You _____ _____ _____ buy food.

ヒント (1)は「ねばならない」(2)は「〜できた」(3)は「〜する必要がない」のそれぞれ代用語句を使えばよい。〈要点学習〉の 2, 3 参照。

> **＜例題 C＞**
> 次の各文を〔 〕内の指示にしたがって書きかえなさい。
> (1) Bill can skate well.　　〔未来の文に〕
> (2) I must get up early.　　〔過去の文に〕
> (3) She has to work hard.　〔反対の意味に〕

ヒント (1) will のあとに can の代用語句を使う。 (2) must＝have to なので, have を過去形にすればよい。 (3) has を打ち消せばよい。くわしくは〈要点学習〉の 2, 3 参照。

＜解答＞
A. (1) 今晩雨がふるかもしれない。 (2) あの少女はトムの妹にちがいない。
   (3) そのニュースはほんとうであるはずがない。
B. (1) have to do (2) was able to (3) don't have to
C. (1) Bill will be able to skate well. (2) I had to get up early.
   (3) She doesn't have to work hard.

第6日

実力養成テスト——助動詞

1 次の空所に適する語を1つずつ入れ，問答を完成しなさい。　（各4点）

(1) May I write with a pencil? No, you _____ not.
(2) Do I have to come back? No, you _____.
(3) Must I do it at once?
　No. You don't _____ to do it at once.
(4) Can you sleep well every night?
　Yes, I always can, but last night I _____.

2 日本文の意味になるよう，空所に1語ずつ入れなさい。　（各4点）

(1) You (　　) be very tired.
　あなたはとても疲れているにちがいない。
(2) It (　　) be fine tomorrow morning.
　あしたの朝は晴れるかもしれない。
(3) You (　　) go out in the rain.
　雨の中を外出してはいけません。
(4) He (　　) be afraid of the dog.
　彼はその犬をこわがるはずがありません。
(5) She (　　) lose hope.
　彼女は希望を失うべきではない。

3 上下の文が同じ意味になるよう，下の文の空所に2語ずつ適する語を書き入れなさい。　（各4点）

(1) ｛Be kind to everybody.
　　You _____ kind to everybody.
(2) ｛We'll visit the zoo this afternoon.
　　We're _____ visit the zoo this afternoon.
(3) ｛They could read French well.
　　They _____ to read French well.
(4) ｛Must I help your brother?
　　Do I _____ help your brother?

4 次の各文を〔　〕内の指示にしたがって書きかえなさい。　　　(各4点)
(1) She had to work all day.〔疑問文に〕

(2) Can they dance well?〔未来の文に〕

(3) He must be a foolish man.〔反対の意味の文に〕

(4) You must thank him.〔未来の文に〕

5 次の対話文の空所に1語ずつ正しい語を入れなさい。　　　(各4点)
Bill: ①_____ I go out and play with Tom?
Mother: No, you may not. I know you have a lot of homework. You
　　②_____ do it now. You ③_____ go out today.

6 次の各列の語を並べかえて，正しい英文を完成しなさい。ただし（　）内の指示をよく守ること。　　　(各4点)
(1) I it have do in write ink（ほかに1語おぎなう）
　　それをインクで書かなければなりませんか。

(2) able his won't to uncle see not he be（1語不要な語をとる）
　　彼はおじさんにあうことができないだろう。

7 次のことを英語であらわしなさい。　　　(各4点)
(1) このナイフを使ってもよろしいですか。

(2) ジェインはじょうずにピアノがひけるでしょう。

(3) 明朝は早く起きるにはおよびません。

| 得点 | 評価 | 基準 | A…85点以上　B…84点〜65点　C…64点以下 | 合格圏 | 75点 |

第7日 名詞，代名詞，itの用法

要点学習

1. **注意すべき名詞の複数形**
   - （規　則）bus—buses, dish—dishes, baby—babies, knife—knives
   - （不規則）man—men, child—children, sheep—sheep
   - ◆物質名詞の数え方……単位を示す名詞のほうだけを複数形に
     - a cup (two cups) of tea, a piece (some pieces) of chalk

2. **代名詞の格の使いわけ**
   - 主格……主語の働き　　　　目的格……動詞，前置詞の目的語になる。
   - 所有格……あとに名詞がくる。所有代名詞……「～のもの」と独立する。
     - You like them.　　（主）— They like you.　　　　（目）
     - This is his book.　（所）— This book is his.　　　（所有代）
     - That's her sister.　（所）— I go to school with her.（目）

3. **「それは」とあつかわないit**
   - 天候・気温・時刻・月日・季節・距離・明暗をあらわすとき
   - *It* is fine today.　What time is *it* now?　*It* is dark here.
   - ◆仮主語（It～to～.）については，不定詞のところであつかう。

4. **特別な語句**
   - one ～ the other （2つのうち1つは～，もう1つは～）
   - some ～ others　　（いくつかは～，残りのいくつかは～）

● 受験生はこんなところが弱い ●

① 名詞のくり返しをさけるために使う **one(s)** に注意しよう。
　Do you have a dictionary? Yes, I have a good one.
　These shoes are mine, and those ones are hers.

② **one (each) of～, both (many) of～** のあとの動詞を使いわけよう。
　Each of the girls has a flower.（めいめい）　Both of them have flowers.（両方）

③ **someone (something)**〔肯定〕, **anyone (anything)**〔否定，疑問〕を区別しよう。
　Someone is at the door.（だれか）　　Can *anyone* answer it?（だれか）

④ **not ～ any** は全部否定（＝no），**not ～ all** は部分否定．
　I don't have *any*.（なにもない）　　I don't have *all*.（全部はない）

⑤ 注意すべき **'s**……無生物でも時（距離）を示す名詞には 's がつけられる。
　today's newspaper, ten minutes' walk（歩いて10分）◆複数には'だけ

重要問題の研究

＜例題 A＞

（　）の中に適する語（句）を下から選び，その記号を入れなさい。
(1) There are a few (　) in the garden.
　　ア. boy　　イ. child　　ウ. women　　エ. pupil
(2) The bird sang (　) happy song.
　　ア. its　　イ. it's　　ウ. that's　　エ. it
(3) It's two (　) ride in a car.
　　ア. hours　　イ. hour　　ウ. hour's　　エ. hours'
(4) He has two dogs; one is white and (　) is brown.
　　ア. another　イ. other　　ウ. others　　エ. the other

ヒント (1) a few のあとは複数の名詞を使う。　(2) 主語が鳥なので,「そのたのしい歌」とする。　(3) 複数名詞の所有格は〔'〕だけ。　(4)「1つ〜もう1つ」のきまり文句にする。

＜例題 B＞

上下の文が同じ内容になるよう，下の空所をうめなさい。
(1) { Is this her book?
　　　Is this book _____ ?
(2) { My pencil isn't as long as yours.
　　　_____ pencil is longer than _____ .
(3) { I didn't see anything on the table.
　　　I _____ _____ on the table.

ヒント (1)「この本は彼女のですか。」と所有代名詞を使う。　(2)「あなたの」,「私のもの」という形を入れる。　(3) not〜any＝no, I のあとには過去の動詞を入れる。

＜例題 C＞

次のことを英語であらわしなさい。
(1) 昨夜は雨がはげしくふりましたか。
(2) ここから動物園までどのくらい距離がありますか。

ヒント (1), (2) とも it を使う。　(2) の「どのくらい」は How far を使う。

＜解答＞
A. (1) ウ　(2) ア　(3) エ　(4) エ　　B. (1) hers　(2) Your, mine　(3) saw nothing
C. (1) Did it rain hard last night?　(2) How far is it from here to the zoo?

第8日

実力養成テスト——名詞, 代名詞, it の用法

1 次の各文の終わりにある（ ）内の語を，その文にあうよう適当な形に書きかえて，文中の空所に入れなさい。　　　　　　　　（各4点）
(1) Where did you buy these _____? (box)
(2) Osaka is one of the largest _____ in Japan. (city)
(3) My dog is bigger than _____. (she)
(4) Where is your _____ office? (father)
(5) Let's listen to _____ carefully. (he)
(6) Both of _____ know me very well. (they)

2 次の各文の空所に1語ずつ入れ，問答を完成しなさい。　　（各4点）
(1) Is this your coat? Yes, it's _____.
(2) _____ ball is that? It's Tom's.
(3) How many _____ do they have?
   They have only one child.
(4) Do you know his parents?
   Yes, I know _____ very well.
(5) You have a pretty cat. What's _____ name?

3 次の各文を〔　〕内の指示にしたがって書き改めなさい。（各4点）
(1) Here is a young lady. 〔a を two に〕

(2) This is a good knife. 〔knife を複数に〕

(3) Give me a glass of water. 〔a を some に〕

(4) There were some old men in the car. 〔単数の文に〕

(5) That girl has some flowers in her hand. 〔girl を複数に〕

4 日本文に相当する英文になるよう，次の各英文の空所に適する語を1つずつ書き入れなさい。　　　　　　　　　　　　　　　　　　（各4点）
(1) Bring me some ＿＿＿＿ of chalk.
　　白ぼくを数本もってきてください。
(2) He often talks to ＿＿＿＿.
　　彼はたびたびひとりごとをいいます。
(3) Some wanted coffee, and ＿＿＿＿ wanted tea.
　　あるものはコーヒーを，紅茶をほしがったものもいました。
(4) She has two brothers. One is a doctor and the ＿＿＿＿ is a teacher.
　　彼女にはふたりの兄がいます。ひとりは医者で，もうひとりは先生をしています。
(5) Bill and Tom are good friends. They help each ＿＿＿＿.
　　ビルとトムは仲のよい友だちです。彼らはたがいに助け合います。

5 次の文を読んで，下の各問いに答えなさい。　　　　　　　　　（各4点）
One Sunday Jack and Bill went for a long walk in the woods. They took their lunches with them and had a picnic. When they arrived back home that afternoon, they said, "Let's take another <u>one</u> on some fine ☐."
(1) 下線をつけた one はつぎのどれですか。記号を○でかこみなさい。
　　ア．walk　　イ．lunch　　ウ．camp　　エ．wood　　オ．Sunday
(2) ☐に入れる語を下からえらび，その記号を○でかこみなさい。
　　ア．picnic　　イ．home　　ウ．week　　エ．season　　オ．day

6 次のことを英語であらわしなさい。　　　　　　　　　　　　　（各4点）
(1) あなたの市にはいくつ教会がありますか。
　　＿＿＿＿＿＿＿＿＿＿＿＿＿＿＿＿＿＿＿＿＿＿＿＿＿＿＿＿＿＿＿＿＿＿

(2) きのうは寒かったが，きょうは少し<u>あたたかい</u>。(warmer)
　　＿＿＿＿＿＿＿＿＿＿＿＿＿＿＿＿＿＿＿＿＿＿＿＿＿＿＿＿＿＿＿＿＿＿

得点	評価	基準	A…85点以上　B…84点〜65点　C…64点以下	合格圏	75点

形容詞，副詞，冠詞

要点学習

1. **数・量をあらわす形容詞**
   - （数）…… many (=a lot of), some (any), few, no
   - （量）…… much (=a lot of), some (any), little, no
   - ◆some は原則として肯定の文，any は疑問文，否定文，条件文（if～）に，a few (a little) は「少しはある」（肯定），a をとると「ほとんどない」（否定）

2. **every, each, all と名詞（動詞）の関係**
   every (each) は単数の名詞に，all は複数の名詞につく。
   　　Every girl has a camera.　　*All* the girls have cameras.

3. **注意すべき副詞（句）**
   - { very　原級を強める　　{ already　肯定文に（もう）
   - { much　比較級を強める　{ yet　　　疑問文，否定文に（もう，まだ）
   - { too （～も）肯定文に　　{ not～at all 少しも～でない
   - { either（～もない）否定文に { not～always 必ずしも～でない
   - ◆「あまりに～」という意味の too は，形容詞（副詞）の前におく。

4. **sometimes, often, always などの位置**
   be 動詞のあるときはそのあと，一般動詞のあるときはその前におく。
   　　He is *always* busy.　　She *sometimes* plays tennis.

5. **定冠詞の用法**
   きまっている名詞，形容詞（副詞）の最上級，序数，天体，方向，（ひく）楽器，（固有名詞では）川，海，山脈，新聞，雑誌，公共の建物の前につける。
   - ◆冠詞の省略……go to school, by bus, at noon などの慣用句に

● 受験生はこんなところが弱い ●

① **something** (anything, nothing) の場合にかぎり，形容詞はうしろにおく。
　（語順を正す）white saw something I → I saw something *white*.

② **a lot of** (lots of) は疑問文や否定文には使えない。
　He has *a lot of* money. → （否定文）He doesn't have *much* money.

③ **some** が疑問文，**any** が肯定文に使われる場合がある。
　（相手にものをすすめるとき）Will you have *some* tea? Thank you.
　（any+単数名詞→どんな～）*Any* child can do it.（どんな子どもでも～）

④ 公共物でも，駅，公園名には **the** をつけない。Tokyo Station, Ueno Park

重要問題の研究

<例題 A>

( )の中に下から適当な語(句)を選び，その記号を入れなさい。

(1) I have ( ) friends in England.
　　ア. any　　　イ. a few　　　ウ. a little　　　エ. much
(2) He doesn't want ( ) bread.
　　ア. some　　　イ. many　　　ウ. much　　　エ. a lot of
(3) I haven't read today's paper ( ).
　　ア. still　　　イ. already　　　ウ. yet　　　エ. always
(4) He came here ( ) hour ago.
　　ア. a　　　イ. an　　　ウ. the　　　エ. two

ヒント (1) any や量を示す形容詞は不適当。 (2) 否定文であることに注意。bread は量をあらわす名詞。 (3) 完了形の否定に使う副詞を (4) hour[áuər] の h は発音しない。

<例題 B>

日本文の意味になるよう，空所に適する語を1つずつ入れなさい。

(1) There _____ _____ water in the pond.
　　池にはたくさんの水があった。
(2) She _____ drive a car, _____.
　　彼女も車を運転できませんでした。
(3) They _____ _____ come here on Monday.
　　彼らは必ずしも月曜日にここへ来るとはかぎりません。

ヒント (1) 水は量を示すので，many は不可。量を示す名詞は単数扱いなので，be 動詞にも注意。 (2) 否定文なので too は使えない。 (3) 〈要点学習〉の3参照。

<例題 C>

(1) この帽子は彼女には大きすぎます。
(2) 彼は右手になにか赤いものをもっています。

ヒント (1) too を形容詞の前に使う。「彼女には」 for her (2) something のあとに形容詞をおく。「右手に」 in his right hand

<解答>
A. (1) イ　(2) ウ　(3) ウ　(4) イ
B. (1) was much　(2) couldn't, either　(3) don't always
C. (1) This hat is too big for her.　(2) He has something red in his right hand.

実力養成テスト——形容詞, 副詞, 冠詞

[1] 次の(1)~(6)の文の空所に, 下から適する語を1つずつ選び, その記号を入れなさい。　　　　　　　　　　　　　　　　　　　　　　(各4点)

(1) I have a (　) friends in America.
(2) There is a (　) water in the glass.
(3) Give me (　) sugar, please.
(4) (　) one could answer the question.
(5) (　) pupil must tell a story.
(6) Tokyo is larger than (　) other city in Japan.

　　ア. any　イ. some　ウ. each　エ. no　オ. little　カ. few

[2] 次の各文の空所に適当な語を1つずつ入れなさい。　　(各4点)

(1) How _____ butter do you want? I want one pound.
(2) How _____ pencils do you have? I have five.
(3) They were poor; they had very _____ money.
(4) Mr. Brown is forty. Tom is fourteen.
　　Mr. Brown is _____ older than Tom.

[3] 次の (　) 内から正しい語(句)を選び, ○でかこみなさい。 (各4点)

(1) We don't have (many, much, a lot of) snow here.
(2) Last year there were (little, few, any, much) sunny days in June.
(3) Please give me (other, some, others, another) cup of coffee.

[4] 上下の文が同じ内容になるよう, 下の文の空所に1語ずつ入れなさい。
　　　　　　　　　　　　　　　　　　　　　　　　　　　(各4点)

(1) { Tom's dog drank a lot of milk.
　　 { Tom's dog drank _____ milk.

(2) { Lucy is a good speaker of French.
　　 { Lucy speaks French _____.

(3) { Mr. Green drove his car with care.
　　 { Mr. Green drove his car _____.

5 次の文尾の（ ）内の語を文中に入れるとすればどこが適当ですか。正しい位置を示す記号を○でかこみなさい。　　　　　　　　　　　（各4点）
(1) Jane ア helps イ her mother ウ in エ the morning. (often)
(2) Jim ア has イ not ウ come エ home オ. (yet)
(3) She ア is イ a ウ kind エ girl オ. (such)

6 次の語を並べかえて，正しい英文を作りなさい。　　　　　　（各4点）
(1) at black the you anything see door did
　　あなたはドアのところになにか黒いものを見ましたか。
　　_____

(2) people the few village to go very
　　その村へ行く人はほんのわずかしかいません。
　　_____

(3) our likes girl class every music in
　　私たちのクラスの少女はだれもみんな音楽が好きです。
　　_____

7 次の文中の□の中に必要な冠詞を入れなさい。ただし必要でない場合は×を書き入れればよい。　　　　　　　　　　　　　　　　　（各空所2点）

　Here is a map of India. It is one of ①□ biggest countries in Asia. In ②□ north are the Himalayas. They are high.
　In the middle of India is Delhi. It is the capital of the country. You can go to Delhi by ③□ plane.
　I came to Delhi last summer. At ④□ first I knew nobody here, but now I have ⑤□ few friends.
　I sometimes play ⑥□ volleyball with them.

比　較

要点学習

1. 比較の文
   (1) 原級を使うもの
   as 原級 as～（同じくらい～）　　Tom is *as* tall *as* I.
   not as 原級 as～（～ほど～でない）　I can't run *as* fast *as* Tom.
   (2) 比較級を使うもの
   ～比較級 than～（～よりも～）　　Dick is *older* than I.
   Which (Who)～比較級, A or B?（AとBではどちらが～）
   ◆物の場合 which, 人には who を使う。Who is *younger*, Lucy or May?
   (3) 最上級を使うもの
   ～最上級 in (of)～（～の中で一番～）This box is the *smallest* of all.
   ◆形容詞の最上級には必ず the をつけるが, 副詞の最上級には the をつけないこともある。Ned can skate (the) *best* of us all.
   　　　　　　　　　　　　　　　　　　　　　　　　　　　（副詞）
2. 注意すべき形容詞・副詞の変化
   (1) er, est をつけるときに注意するもの
   〔-e〕large・larger・largest〔短母音＋子音字〕big・bigger・biggest
   〔子音字＋y〕pretty・prettier・prettiest
   (2) -ful, -ous, -ive, -ing, -ly で終わる語や 3 音節以上の語には, 前に more, most をおく。　useful・more useful・most useful
   (3) 不規則な変化をするもの
   good (well)・better・best,　many (much)・more・most

● 受験生はこんなところが弱い ●

① 比較の文の書きかえに慣れておこう。
　〈原　級→比較級〉He isn't as old as I. → I am older than he.
　〈比較級→最上級〉She is more beautiful than any other girl.
　　　　　　　　 → She is the most beautiful of all the girls.
② 「～の中で」のあらわし方……「場所の中で」→ in,「同類の中で」→ of
　　Bill is the biggest in his class.　Bill is the biggest of them all.
③ -ly で終わる語の変化……slowly の ly は接尾語 (slow＋ly) なので, more, most を使う。early の ly は接尾語でないので, earlier・earliest と変化する。
④ more interesting と more books (money) の **more** のちがい
　　形容詞（副詞）の前の more は比較級を作るためのもの,
　　名詞の前の more は many (much) の比較級。

重要問題の研究

<例 題 A>

次の各文の空所に文尾の ( ) 内の語を適当な形にして入れなさい。
(1) Summer is the _____ of all the seasons. (hot)
(2) Tom is the _____ swimmer in his class. (good)
(3) He can speak English _____ than I. (well)
(4) Who is _____, Alice or May? (beautiful)

[ヒント] (1), (2) は空所のあとの語句からヒントをえて, 最上級を入れる。 (3), (4) は than, Alice or May があるので比較級に。

<例 題 B>

上下の文が同じ内容をあらわすように, 下の文の空所をうめなさい。
(1) { My house isn't as big as yours.
　　 Your house is _____ _____ mine.
(2) { Jane is the prettiest girl in her class.
　　 Jane is _____ _____ any _____ girl in her class.
(3) { Nobody in his class can run as fast as Tom.
　　 Tom _____ _____ _____ runner in his class.

[ヒント] (1) 比較級+than を入れればよい。 (2)「ジェインはクラスのほかのどんな少女よりも美しい。」と比較級を使った文にする。 (3)「彼のクラスのだれもトムほど速く走れない。」→「トムは彼のクラスで一番速い走者です。」の関係にする。

<例 題 C>

次のことを英語であらわしなさい。
(1) あなたは夏と冬とどちらが好きですか。
(2) ルーシーは私よりも3つ年下です。
(3) これは日本でもっとも有名な寺の1つです。(temple)

[ヒント] (1) Which 〜 better, A or B? の文型を使う。 (2)「3つ年下」は比較級の前に three years をおけばよい。 (3)「one of the 最上級+複数名詞」の部分を正しく使うこと。

<解答>
A. (1) hottest　(2) best　(3) better　(4) more beautiful
B. (1) bigger than　(2) prettier than, other　(3) is the fastest
C. (1) Which do you like better, summer or winter?　(2) Lucy is three years younger than I.　(3) This is one of the most famous temples in Japan.

実力養成テスト —— 比較

1
次の各文の( )内に入れる語（句）をすぐ下からえらび，その記号を入れなさい。　　　　　　　　　　　　　　　　　　　　　　　　　（各4点）

(1) This rose is (　) of all the flowers in the garden.
　　ア．prettiest　　イ．prettier　　ウ．most pretty　　エ．the prettiest
(2) He came (　) this morning than yesterday.
　　ア．lately　　イ．later　　ウ．late　　エ．latest
(3) The lion is the strongest (　) all the animals.
　　ア．in　　イ．of　　ウ．by　　エ．at
(4) This story is (　) interesting than that one.
　　ア．much　　イ．very　　ウ．more　　エ．most

2
日本文の意味になるよう，各英文の空所に1語ずつ適する英語を書き入れなさい。　　　　　　　　　　　　　　　　　　　　　　　　　（各4点）

(1) Mother gets up ＿＿＿＿ of us all.
　　母は私たち全部の中で一番早く起きます。
(2) She has ＿＿＿＿ money than I.
　　彼女は私よりもたくさんのお金をもっています。
(3) Which do you like ＿＿＿＿, tea or coffee?
　　あなたはお茶とコーヒーとどちらが好きですか
(4) Bill looks much ＿＿＿＿ than he did yesterday.
　　ビルはきのうよりもずっとしあわせそうです。
(5) This stone is about two times as ＿＿＿＿ as that one.
　　この石はあの石のおよそ2倍重い。

3
上下の文が同じ意味になるよう，下の文の空所をうめなさい。　（各文4点）

(1) { Her dictionary isn't as good as his.
　　 His dictionary is ＿＿＿＿ ＿＿＿＿ hers.
(2) { I like music better than any other subject.
　　 I like music ＿＿＿＿ ＿＿＿＿ all the subjects.
(3) { Who is the fastest runner in your class?
　　 Who can ＿＿＿＿ ＿＿＿＿ in your class?

4 次の文を読んで，下の各問いに答えなさい。　　　　　　（各4点）

　　Mary is twelve years old. Mary's brother Tom is two years older than Mary. Jane is as old as Tom. Bill is Jane's brother. He is four years younger than Mary.
(1) Bill の年齢は……（　　）歳
(2) Jane の年齢は……（　　）歳
(3) Tom は Mary の……（　　）にあたる。

5 次の文を読んで，（　）内の語は適当な形に，①～③の☐の中には適する語を1つずつ入れなさい。　　　　　　（各4点）

　　There are many cars in Tokyo, but there are (many) cars in New York. The streets of Tokyo aren't so wide ①☐ the streets of New York. They are ②☐ dangerous than the streets of New York. Yesterday we went to the park. There were plenty of trees and flowers there. It was one of the ③☐ beautiful parks in New York.

　　(many)→　　　　　　　①　　　　　②　　　　　③

6 次の各文には1か所ずつまちがいがあります。それらを消して（　）の中に正しい語を入れなさい。　　　　　　（各4点）
(1) Bill is the younger of the three. (　　　)
(2) A lion is the strongest in all the animals. (　　　)
(3) She is very taller than her sister. (　　　)

7 次のことを英語であらわしなさい。　　　　　　（各4点）
(1) 彼女は私よりもたくさんの人形をもっています。
　　_____

(2) この質問は全部の中で一番むずかしい。
　　_____

(3) あなたはトムと同じくらい速く泳ぐことができますか。
　　_____

得点	評価	基準	A…85点以上　B…84点～65点　C…64点以下	合格圏	75点

第13日

いろいろな問答

要点学習

1. **英問英答の原則**
   (1) 答えに Yes (No) を使うかどうかに注意する。
   　　使える……動詞（助動詞）〜？　　使えない……疑問詞〜？　A or B?
   (2) 問いの名詞は代名詞，副詞句は副詞にかえて答える。
   　　When did Tom and Jane go to the zoo? They went there yesterday.
   (3) 問いの動詞（助動詞）と答えに使うものとの時制，性質を合わせる。
   　　What time did Alice get up? She got up at six.

2. **おもな疑問詞**
   what(なに), which(どれ), who(だれ), whose(だれの),
   where(どこ), when(いつ), how(どのように), why(なぜ)

3. **How＋形容詞（副詞）〜？ のまとめ**
   How old〜?(年齢)　How many〜?(数)　How much〜?(量，値段)
   How far〜?(距離)　How long〜?(長さ，期間)　How high〜?(高さ)
   How tall〜?(身長)

4. **会話によく使う表現**
   How are you?(ごきげんいかがですか。) How do you do?(はじめまして。)
   What's the matter with you?(どうしましたか。)
   How about 〜?(〜はいかが。)　　No, thank you.(もうけっこう。)
   You are welcome.(どういたしまして。)

● 受験生はこんなところが弱い ●

① 疑問詞が主語になっている問いの答えかたに注意しよう。
　　Who skates well? → Tom does.　Who went there? → Lucy did.
　　What day comes after Sunday? Monday does.
　以上のように Who (What) ＋一般動詞〜？には，主語＋does (did). でうける。

② 「何曜日」，「何月何日」の問いかたをおぼえておこう。
　　What day of the week (month) is it today?
　　　It's Sunday. (It's April 10.)

③ 道案内，電話，買物などに使う英語をマスターしておこう。
　Go straight on.（まっすぐ行きなさい。) Turn to the left.（左へまがりなさい。)
　This is Tom speaking.（こちらはトムです。)
　Who is calling, please?（どなたさまですか。)
　Can I help you? や What can I do for you?（なにをさしあげましょうか。)

重要問題の研究

＜例題 A＞

次の(1)～(3)に対する答えとして，もっとも適当なものを下のア～カから選び，その記号を（　）の中に入れなさい。
(1) How are you, Alice?　　　　　　（　　）
(2) What's the matter with him?　　（　　）
(3) How about another cup of tea?　（　　）
　ア．No, I'm not.　　　　　　　イ．Fine, thank you, and you?
　ウ．She is very well.　　　　　エ．No, thank you.
　オ．I'm afraid he has a cold.　　カ．He is the captain of our team.

[ヒント] (1)「元気ですか。」(2)「どうしたのですか。」(3)「いかがですか。」の答えをさがす。

＜例題 B＞

次の各文の空所に1語ずつ入れ，問答を完成しなさい。
(1) ＿＿＿＿＿ is this bag? It's mine.
(2) How ＿＿＿＿＿ does it take to go there? About two days.
(3) What day of the ＿＿＿＿＿ was it? It was May 5.
(4) Who wrote this letter? My sister ＿＿＿＿＿.
(5) ＿＿＿＿＿ did she come back? Because she was sick.

[ヒント] (1)「所有者」(2)「所要時間」(3)「何月何日」(5)「理由」をきく問いを完成させればよい。(4)はWhoが主語なので，助動詞を使ってみじかく答える。

＜例題 C＞

次の下線部がわからないものとして，それを問う文を作りなさい。
(1) She lives in New York.
(2) It's two miles from here.
(3) It is Saturday today.

[ヒント] (1)「彼女はどこに住んでいますか。」(2)「ここからどのくらい距離がありますか。」(3)「きょうは何曜日ですか。」の問いを作ればよい。

＜解答＞

A. (1) イ　(2) オ　(3) エ　B. (1) Whose　(2) long　(3) month　(4) did　(5) Why
C. (1) Where does she live?　(2) How far is it from here?
　(3) What day of the week is it today?

第14日

実力養成テスト──いろいろな問答

1 左右の問答が成り立つよう，各文の（ ）の中から下から適当な疑問詞を選んで，その記号を書き入れなさい。　　　　　　　　　　　　　（各4点）

(1) (　) are you from?　　　　　　From California.
(2) (　) did you speak to him?　　Two hours ago.
(3) (　) wants to see Bill?　　　　The teacher.
(4) (　) are you looking for?　　　My dictionary.
(5) (　) did he go there?　　　　　To see his uncle.

　　ア．Who　　イ．What　　ウ．Why　　エ．Where　　オ．When

2 各組の空所に適する語を1つずつ入れ，問答を完成しなさい。　（各4点）

(1) ｛ ＿＿＿＿ do you like better, tea or coffee?
　　 I like coffee better.

(2) ｛ How ＿＿＿＿ brothers do you have?
　　 I have two.

(3) ｛ What's the matter ＿＿＿＿ you?
　　 I have a little cold.

(4) ｛ ＿＿＿＿ did your sister go to the airport?
　　 She went there by bus.

3 次の対話文を読んで，下から適当な語句を選び，その記号を□の中に入れなさい。　　　　　　　　　　　　　　　　　　　　　　　　（各4点）

Mr. Smith: Excuse me. ①□ is it from here to the station?
Helen: It's about half a mile.
Mr. Smith: ②□ will it take to walk there?
Helen: It will take about fifteen minutes.
Mr. Smith: Thank you. I want something to read in the train.
Helen: Well, ③□ this book?
Mr. Smith: Good. I'll take it. ④□ is it?
Helen: Two dollars. Thank you.　　　（注）something to read 読みもの

　　ア．how high　　イ．how much　　ウ．how far　　エ．how tall
　　オ．how about　　カ．how long

4　次の店員と婦人客のことばを組み合わせて，筋の通った会話文にしたいと思います。(1)～(5)のそれぞれに続くもっとも適当な文を，ア～キの中から1つずつ選んで，その記号を下の答えらんに書きなさい。(ただし同じ記号を2度以上使ってはいけません。)　　　　　　　　　　　　　　　　　　　　(各4点)

〔店員〕　(1)　Good afternoon, ma'am. Can I help you?
　　　　　(2)　What color do you like for your bag?
　　　　　(3)　Is this black one big enough for you?
　　　　　(4)　This is the biggest one in our store.
　　　　　(5)　It's ten dollars.
　　　　　(6)　Thank you, ma'am.

〔婦人客〕　ア．All right. I'll take it. Here is the money.
　　　　　イ．What is it made of?
　　　　　ウ．How much is it?
　　　　　エ．I want to see some of your bags.
　　　　　オ．No, I don't want anything more.
　　　　　カ．I think white or black is good.
　　　　　キ．No, it's a little too small for me. Please show me bigger ones.

(1)(　)　(2)(　)　(3)(　)　(4)(　)　(5)(　)

5　次の対話文を読んで，各空所に下から適する語を選んで入れなさい。ただし必要に応じて語形を変化させなければならない場合もある。　　(各4点)

Ann: Where did you go this morning?
May: To the store in front of the station.
Ann: Did you buy anything?
May: Yes, I ㋐_____ a small dictionary and a few ㋑_____.
Ann: I want a small dictionary, too. Father says a big dictionary is ㋒_____ than a small ㋓_____, but my dictionary is ㋔_____ big for me.
May: Then you ㋕_____ better go there right now. The store has ㋖_____ a few.

　　be, have, do, buy, one, book, only, good, not, too

得点	評価	基準	A…85点以上　B…84点～65点　C…64点以下	合格圏	75点

第15日

受 動 態 (1)

要 点 学 習

1. **受動態の作り方**

   （現在）He studies English.　（過去）She wrote a letter.
   English is studied by him.　A letter was written by her.

2. **能動態へのもどし方**

   This dog is loved by Dick.
   Dick loves this dog.

3. **目的語が2つある文の受動態**

   He gave me a pen. → { I was given a pen by him.
   　　　　　　　　　　　A pen was given me by him.

4. **受動態の否定文**

   動詞の部分を「be＋not＋過去分詞」とし，能動態の do (did) はとる。
   They don't speak English.　　We didn't thank him.
   English isn't spoken by them.　He wasn't thanked by us.

5. **受動態の疑問文**

   be 動詞を主語の前に出す。一度ふつうの文にもどすとわかりやすい。
   Does he help you? →（ふつうの文にもどす）
   He helps you. →（受動態に）You are helped by him. →（疑問文に）
   Are you helped by him?

● 受験生はこんなところが弱い ●

① **She put the eggs in the basket.** の受動態に注意しよう。
　この put は過去形（現在形なら puts）なので，過去の受動態にしなければならない。
　　The eggs *were* put in the basket by her.

② 目的語が2つある文でも write, send, make, buy が使われている場合は，直接目的語（物）を主語とする受動態しかできない。
　　He sent me a present. → A present was sent me by him.

③ 疑問詞のある文を受動態になおす要領を身につけよう。
　＊Who ate this cake? → *By whom* was this cake eaten?
　　What did he find? → *What* was found by him?

重要問題の研究

<例題 A>

上下の文が同じ意味になるよう，下の空所に1語ずつ入れなさい。

(1) {Tom read the story.
　　The story _____ _____ by Tom.

(2) {We are taught English by Mr. Brown.
　　Mr. Brown _____ _____ English.

(3) {Jane didn't cook this fish.
　　This fish _____ _____ by Jane.

(4) {Did he paint the picture?
　　_____ the picture _____ by _____ ?

ヒント (1) 過去の文 (2) 能動態にもどす。3・単・現に注意。 (3) didn't があるので，wasn't を使う。 (4) Did の代わりに過去の be 動詞を使う。

<例題 B>

次の各文を受動態に書き改めなさい。
(1) We found a lot of money. _____
(2) He told the story to us. _____
*(3) Who broke this glass? _____

ヒント (1) a lot of money に使う be 動詞は were ではない。 (2) the story を前に出し，主語として使う。 (3) By whom+be+主語+過去分詞？に。broke → broken

<例題 C>

次のことを英語であらわしなさい。
(1) これらの切手は私の弟に集められました。
(2) この絵はメイによってかかれたのですか。

ヒント (1)「切手」stamps,「集める」collect (2)「(絵を) かく」paint

<解答>

A. (1) was read (2) teaches us (3) wasn't cooked (4) Was, painted, him
B. (1) A lot of money was found by us. (2) The story was told to us by him.
　(3) By whom was this glass broken?
C. (1) These stamps were collected by my brother.
　(2) Was this picture painted by May?

第16日

実力養成テスト——受動態 (1)

1 次の各文の ( ) 内に下から正しい語（句）を選び，その記号を書き入れなさい。　　　　　　　　　　　　　　　　　　　　　　　　（各4点）

(1) Some young trees (　) by Tom.
　　ア. planted　　イ. was planted　　ウ. are planting　　エ. were planted
(2) The car (　) washed by Tom yesterday.
　　ア. is　　　イ. was　　　ウ. are　　　エ. were
(3) These dolls (　) made by Jane.
　　ア. isn't　　イ. was　　ウ. weren't　　エ. don't
(4) (　) the song sung by the children?
　　ア. Was　　イ. Were　　ウ. Does　　エ. Did

2 次の各上下の文の内容が同じになるよう，下の文の空所に適する語を1つずつ入れなさい。　　　　　　　　　　　　　　　　　　　　（各文4点）

(1) {The policeman stopped the car.
　　　The car ＿＿＿＿ ＿＿＿＿ by the policeman.
(2) {She shut the window.
　　　The window ＿＿＿＿ ＿＿＿＿ by her.
(3) {They didn't begin the work.
　　　The work ＿＿＿＿ ＿＿＿＿ by them.
(4) {Did he catch the bird?
　　　＿＿＿＿ the bird ＿＿＿＿ by him?
(5) {What did the boy find?
　　　＿＿＿＿ ＿＿＿＿ ＿＿＿＿ by the boy?
*(6) {By whom was this letter written?
　　　＿＿＿＿ ＿＿＿＿ this letter?

3 次の各文を〔 〕内の指示にしたがって書きかえなさい。　（各4点）

(1) She washes her socks.〔受動態に〕
　　――――――――――――――――――――――――――
(2) He is liked by everybody.〔能動態に〕
　　――――――――――――――――――――――――――
(3) English is taught us by Mrs. Reed.〔能動態に〕
　　――――――――――――――――――――――――――

(4) History is liked by her. 〔能動態に〕
　　_____

4　次の各文の空所に eat を適当な形にして書き入れなさい。　　（各4点）
  (1) My brother (　　　) some meat every day.
  (2) We (　　　) dinner in the garden yesterday.
 *(3) By whom was the cake (　　　)?
  (4) Jane was (　　　) breakfast when I visited her.

5　日本文の意味になるよう，各文の空所に1語ずつ適当な語を書き入れなさい。　　（各文4点）
  (1) America _____ _____ by Columbus.
      アメリカはコロンブスによって発見された。
  (2) This room _____ _____ by Jane.
      このへやはジェインに使われます。
  (3) The noise _____ _____ by her.
      その音は彼女には聞かれなかった。
  (4) When _____ the party _____ by Mr. Smith?
      パーティはいつスミス氏によって開かれましたか。

6　次の文を読んで，下線①〜③の文を受動態にしなさい。　　（各4点）
　One day ①a man bought a tortoise at a shop and said to the shop keeper, "②I like this tortoise very much. Do you think it will live long?" "Yes, of course," said the shop keeper. ③The man took the tortoise to his home, but the next day it died.　（注）tortoise かめ

  ① _____
  ② _____
  ③ _____

第17日

受動態 (2)

要点学習

1. by ～ の省略される受動態
動作をする人が「一般の人々」や，動作をする人を特にいう必要のない場合は，by ～ を省略する。

People speak English in England.　　We see stars at night.
English is spoken in England.〔略〕　Stars are seen at night.〔略〕

2. by 以外の前置詞が使われる受動態
cover → be covered with（～でおおわれる）
Ice covered the lake. → The lake was covered *with* ice.
know → be known to（～に知られている）
We know his name. → His name is known *to* us.

（注）**be made of** と **be made from**
- of＋材料　A desk is made of wood.（机←木）
- from＋原料　Butter is made from milk.（バター←牛乳）

3. いつも受動態を使う特別な表現
be born（生まれる）／be surprised at（～におどろく）
be interested in（～に興味がある）／be pleased with（～が気にいる）
Where were you *born*?（あなたはどこで生まれましたか。）
We were *surprised* at the news.（私たちはニュースをきいておどろいた。）

● 受験生はこんなところが弱い ●

① **by ～ のない受動態を能動態になおす要領を身につけよう。**
「自分たちが含まれる」場合→we,「他の人たち」の場合→they または people を主語に。
　Stars are seen at night.→ *We* see stars at night.
　Baseball is played in America. → *People* play baseball in America.

＊② **He laughed at me.**（彼は私を笑った。）の受動態に注意しよう。
　I was laughed at by him. のように過去分詞のあとに at をそのままおく。
　look for（～をさがす），take care of（～の世話をする）なども同じ考え方でよい。

＊③ **be made into ～ の用法にも慣れておこう。**
比較
- Butter is made *from* milk.（バターは牛乳から作られる。）
- Milk is made *into* butter.　（牛乳は加工されてバターになる。）

重要問題の研究

＜例題 A＞

次の各上の文の態をかえるには，下の文の空所にどんな語句を入れますか。下の文を完成しなさい。

(1) { They speak French in France.
　　 French _____.

(2) { People eat rice in the country.
　　 Rice _____.

(3) { Sugar is sold at that store.
　　 _____ at that store.

ヒント (1) by them　(2) by people はそれぞれ省略してよい。　(3) 主語に「その店で働いている人たち」という意味で they を使う。

＜例題 B＞

次の各文の空所に適する英語を1つずつ入れなさい。
(1) We were surprised _____ the big plane.
(2) What is wine made _____?
(3) Those mountains are covered _____ clouds.
(4) He was known _____ everybody in the village.

ヒント (1)〜(4)ともそれぞれ前置詞を入れればよい。〈要点学習〉の2, 3参照。

＜例題 C＞

次のことを英語であらわしなさい。
(1) これらの人形は木で作られています。
(2) 彼女はそのおくりものが気にいりましたか。
(3) 私の弟は切手集めに興味があります。

ヒント (1) be made of を使う。「木」は wood　(2) be pleased with を使う。「おくりもの」は present　(3) be interested in を使う。「切手集め」は collecting stamps

＜解答＞

A. (1) is spoken in France　(2) is eaten in the country　(3) They sell sugar
B. (1) at　(2) from　(3) with　(4) to
C. (1) These dolls are made of wood.　(2) Was she pleased with the present?
　 (3) My brother is interested in collecting stamps.

第18日

実力養成テスト――受動態 (2)

1 次の各文の空所に下から適する語を1つずつ選んで，その記号を書き入れなさい。
(各4点)

(1) The bridge is made (　) stone.
(2) The cake was cut (　) a big knife.
(3) Her name is known (　) everybody.
(4) This letter was written (　) English.
(5) Is bread sold (　) that store?

ア. in　イ. of　ウ. by　エ. at　オ. with　カ. from
キ. to　ク. on

2 上下の文が同じ内容になるよう，下の文の空所に1語ずつ書き入れなさい。
(各文4点)

*(1) { He looked for the dog.
　　　The dog _____ _____ _____ by him.

(2) { Your story is very interesting to us.
　　　We are much _____ _____ your story.

*(3) { They make milk into butter.
　　　Butter is _____ _____ milk.

(4) { I was surprised to hear the news.
　　　I was surprised _____ the news.

3 次の各文の態をかえなさい。
(各4点)

*(1) Tom took care of the dog.
_____

(2) Snow covered the top of the mountain.
_____

(3) Spanish is spoken in South America.
_____

(4) Rice is eaten in China.
_____

4 次の各文の空所に適する英語を1つずつ入れなさい。　　　（各文4点）
(1) We were (　　　) in Tokyo.
　　私たちは東京で生まれました。
*(2) I was laughed (　　　)(　　　) them.
　　私は彼らに笑われました。
(3) May was (　　　) with the doll.
　　メイはその人形が気に入りました。
(4) The hall was filled (　　　) the students.
　　ホールは学生たちでいっぱいでした。

5 次の各文の意味を書きなさい。　　　（各4点）
(1) Was the bus crowded with people?
　　_____
(2) They are going to be married next month.
　　_____
(3) The little girl was injured on the street.
　　_____
(4) The boy was nearly drowned in the river.
　　_____

6 次の文を読んで、下の各問いに答えなさい。　　　（各4点）
①I am found in every country.　Everyone has seen me.　②Everyone knows me.　People carry me with them when they go to buy something.　Some people have to work to get me.　Buying and selling is done ☐ me.　I am made of copper, silver, and sometimes of paper.
　　What am I?　　　　　（注）carry もっていく, copper 銅, buying and selling 売買
(1) What am I? に英語で答えると You are _____.
(2) ①の文を能動態に　People _____.
(3) ②の文を受動態に　_____.
(4) ☐内に入れる語は _____

| 得点 | 評価 | 基準 | A…85点以上　B…84点～65点　C…64点以下 | 合格圏 | 75点 |

第19日

基本5文型

要点学習

1. **自動詞と他動詞**
   - 自動詞……目的語が不要な動詞（be, walk, come, become など）
   - 他動詞……目的語が必要な動詞（know, want, make, give など）

2. **目的語と補語**
   - 目的語……「～を」，「～に」にあたることばをいう。
   - 補　語……主語や目的語の内容をおぎなうことばをいう。

   We know Tom.〔目〕　　He is Tom.〔補〕(He＝Tom)
   We gave Tom a bat.〔目〕　We call him Tom.〔補〕(him＝Tom)

   (注)　主語をおぎなうものを主格補語，目的語をおぎなうものを目的格補語という。

3. **基本5文型**　文の要素（主語，動詞，目的語，補語）を中心に考えると，すべての文は次のような組み合わせによって，5つの型に分類される。

   (1)　主語＋動詞　　　　　　　　　　　(I run.)
   (2)　主語＋動詞＋補語　　　　　　　　(She is happy.)
   (3)　主語＋動詞＋目的語　　　　　　　(We like music.)
   (4)　主語＋動詞＋間接目的語＋直接目的語　(I gave him a ball.)
   (5)　主語＋動詞＋目的語＋補語　　　　(They made me happy.)

   (注)　二重目的語の順序を入れかえるとき……make, buy には for, 他は to を使う。

   I gave her a doll. → I gave a doll to her.
   I made her a doll. → I made a doll for her.

● 受験生はこんなところが弱い ●

① **make** の用法をマスターしておこう。
   I *made* a doll.（作った）　　I *made* her a doll.（彼女に作ってあげた）
   I *made* her a teacher.（彼女を先生にした）

② **look**（get, grow, sound）＋形容詞（補語）の表現に慣れておこう。
   She *looks* sad.（悲しそうに見える）He *got* angry.（怒った）It *got* dark.（暗くなった）It *grew* big.（大きくなった）The music *sounded* beautiful.（美しく聞こえた）

③ 内容をかえずに書きかえる要領を身につけておこう。
   There are four seasons in a year. → A year has four seasons.
   Mr. Green is our English teacher. → Mr. Green teaches us English.
   He told us the story. → He told the story to us.

重要問題の研究

―――〈例 題 A〉―――
次の各組上下の文の意味のちがいをあきらかにしなさい。
(1) ｛a. I made her a sweater.
　　 b. I made her a nurse.
(2) ｛a. He called his dog.
　　 b. He called his dog Blackie.

ヒント (1) made―「作ってあげた」,「(～を～に)した」のちがいがわかればよい。
(2) 上は「主語＋動詞＋目的語」,下は「主語＋動詞＋目的語＋補語」の文。

―――〈例 題 B〉―――
次の上下の文の内容が同じになるよう,下の文の空所をうめなさい。
(1) ｛There are seven days in a week.
　　 A week ＿＿＿＿ seven days.
(2) ｛She is their teacher of music.
　　 She ＿＿＿＿ ＿＿＿＿ music.
(3) ｛The cat was named Tama by her.
　　 ＿＿＿＿ ＿＿＿＿ the cat Tama.

ヒント (1)「1週は7日もっている。」(2)「彼女は彼らに音楽を教える。」(3) 受動態の文を「彼女はその猫をタマと名づけた」という能動態の文にもどせばよい。

―――〈例 題 C〉―――
次の語を並べかえて,正しい英文にしなさい。
(1) me album to aunt showed beautiful my a
　　(私のおばは私に美しいアルバムを見せてくれた。)
(2) him singer think a I good.
　　(私は彼をじょうずな歌手だと思う。)

ヒント (1) to があるので,物→to→人の語順にする。〈要点学習〉3の(注)参照。　(2)「主語＋動詞＋目的語＋補語」の文型にする。

〈解答〉
A. (1) a. 私は彼女にセーターを作ってあげた。 b. 私は彼女を看護婦にした。
　 (2) a. 彼は彼の犬を呼んだ。b. 彼は彼の犬をブラッキーと呼んだ。
B. (1) has　(2) teaches them　(3) She named
C. (1) My aunt showed a beautiful album to me.　(2) I think him a good singer.

第20日

実力養成テスト——基本5文型

1 次の各文の（　）内に，下から正しい語（句）を選んで，その記号を入れなさい。 （各4点）

(1) Father will buy a watch (　) me.
　ア. to　　イ. for　　ウ. by　　エ. at

(2) Alice and Jane looked (　).
　ア. beauty　イ. beautiful　ウ. beautifully　エ. happily

(3) What do you (　) this flower?
　ア. call　　イ. say　　ウ. speak　　エ. tell

(4) We named (　) Kathy.
　ア. she　　イ. she is　　ウ. she was　　エ. her

2 左右の各語群を結んで正しい英文にするには，それぞれどのような組み合わせになりますか。下の答えらんに右の語群の記号を入れなさい。 （各4点）

(1) Mother gave　　　　　ア. English very well.
(2) I like　　　　　　　　イ. him many questions.
(3) Father can speak　　　ウ. us an interesting story.
(4) She asked　　　　　　エ. me this book.
(5) He told　　　　　　　オ. beautiful flowers.

　(1)と(　)　(2)と(　)　(3)と(　)　(4)と(　)　(5)と(　)

3 日本文の意味になるよう，各空所に1語ずつ書き入れなさい。 （各4点）

(1) He _____ a famous writer.
　彼は有名な作家になりました。

(2) Please _____ me your book.
　どうぞ私にあなたの本を見せてください。

(3) Tom _____ angry at last.
　トムはとうとう怒ってしまいました。

(4) He _____ his daughter a nurse.
　彼は娘を看護婦にしました。

(5) _____ me a glass of water.
　水を1杯もってきてください。

4 次の各組上下の文の内容が同じになるよう，下の文の空所に正しい語を1つずつ入れなさい。　　　　　　　　　　　　　　　　　　　　　　　(各文4点)

(1) ⎰I wrote my uncle a letter.
　　⎱I wrote a letter ＿＿＿＿＿＿ my uncle.

(2) ⎰Miss White was my teacher of French.
　　⎱Miss White ＿＿＿＿＿＿ ＿＿＿＿＿＿ French.

(3) ⎰A year has twelve months.
　　⎱＿＿＿＿＿＿ ＿＿＿＿＿＿ twelve months ＿＿＿＿＿＿ a year.

(4) ⎰I think that she is a good pianist.
　　⎱I think ＿＿＿＿＿＿ a good pianist.

5 次の語を並べかえて，正しい英文を完成しなさい。　　　　　　　(各4点)

(1) looked, tired, boy, very, the（その少年はとても疲れているようだった。）

_____

(2) man, famous, the, become, did, young
（その青年は有名になりましたか。）

_____

(3) buy I'll for bag sister new a my
（私は新しいかばんを妹に買ってあげよう。）

_____

(4) made, people, incident, angry, the, black
（その事件は黒人たちを怒らせました。）

_____

6 次の日本文の下線部をそれぞれ英文になおしなさい。　　　　　　(各4点)

きのうはぼくの誕生日でした。①父はぼくに小犬を買ってくれました。②ぼくはその小犬をぼくのペットにしました。③ぼくは彼にアンディ(Andy)という名をつけました。

① _____

② _____

③ _____

第21日 現在完了

要点学習

1. 現在完了の形と用法
作り方……動詞の部分を have（または has）＋過去分詞に。
疑問文……Have (Has) を主語の前に出す。
否定文……have (has) のあとに not をおく。
用法の見わけ方……文中の副詞（句），動詞などからヒントをえる。

- 完了（～したところ）　　　← just, already, yet, now
- 経験（～したことがある）　← ever, never, often, once, ～times
- 継続（ずっと～だ）　　　　← since～, for～, these～, How long～?
- 結果（～して今～だ）　　　← gone, lost, learned, bought, become

2. まぎらわしい用法
「～へ行ってしまっていない」（結果）→ have (has) gone to ～
「～へ行ったことがある」　　（経験）→ have (has) been to ～
「～へ行ってきたところだ」　（完了）→ have (has) been to ～

◆have (has) been to ～は，文の前後関係からその用法を判断する。

3. 現在完了が使えない場合
過去をあらわす語（句）や When（いつ）で始まる疑問文の中
× I've *written* it yesterday. → ○ I *wrote* it yesterday.
× When *have* you *done* it? → ○ When *did* you *do* it?

● 受験生はこんなところが弱い ●

① 過去分詞は現在完了に必ず使うので，すぐ出てこないと困る。次の過去分詞は？
　　eat, begin, know, see, hear, do, leave, catch

② 副詞の位置に注意しよう。yet, before は文の終わり，他は過去分詞の前。
　　Have you *ever* been to Hawaii?　　I haven't eaten lunch *yet*.

③ yet は否定文では「まだ」，疑問文では「もう」の意味になる。肯定文の「もう」
　は already, したがって次のような書きかえに注意しよう。
　　I have *already* written my answer.（否定文に）
　　I haven't written my answer *yet*.

④ **just** は現在完了の文，**just now** は過去の文に使う。
　　I've *just* read it.（ちょうどいま）I read it *just* now.（たったいま）

⑤ **ago** は過去の文に，**before** は現在完了の文に使われる。
　　I saw him three days *ago*. I've seen him *before*.（前にあったことがる）

重要問題の研究

〈例題 A〉

次の各文の下線部は，(ア) 完了 (イ) 経験 (ウ) 継続 (エ) 結果のどれをあらわしていますか。文の終わりの（ ）にその記号を入れなさい。
(1) He <u>has</u> never <u>traveled</u> by plane. （ ）
(2) I <u>have</u> just <u>been</u> to the park. （ ）
(3) Spring <u>has come</u>, but it is still cold. （ ）
(4) How long <u>have</u> you <u>lived</u> in Tokyo? （ ）

ヒント (1)，(2)，(4)はそれぞれ文中の副詞(句)——never, just, How long からその用法を判断する。〈要点学習〉1 参照。 (3) Spring has come. ＝It is spring now.

〈例題 B〉

〔 〕内の指示にしたがって，各下の文の空所をうめなさい。
(1) She is sick in bed.〔「きのうから」をあとにつける〕
   She _____ _____ sick in bed _____ yesterday.
(2) He went to the station. He isn't here now.〔同じ内容の文に〕
   He _____ _____ to the station.
(3) It was cold yesterday and it is still cold now.〔同上〕
   It _____ _____ cold _____ yesterday.

ヒント 現在完了を使って，(1)は「～からずっと～」(継続)，(2)は「～へ行ってしまっていない」(結果)の文にする。(3)「きのうからずっと寒い」という継続の用法に。

〈例題 C〉

次の語を並べかえて，正しい英文を完成しなさい。
(1) for, has, Osaka, he, yet, left
   （彼はもう大阪へたちましたか。）
(2) such, never, bird, seen, have, beautiful, I, a
   （私はこんな美しい鳥を見たことがありません。）

ヒント (1) は yet を文の終わりに。 (2)「こんな～」→such a～

〈解答〉
A. (1) (イ) (2) (ア) (3) (エ) (4) (ウ)
B. (1) has been, since (2) has gone (3) has been, since
C. (1) Has he left for Osaka yet? (2) I have never seen such a beautiful bird.

第22日

実力養成テスト──現在完了

1 各( )内に下から適する語（句）を選び，記号を入れなさい。　（各4点）
(1) She has never (　) to England.
　　ア．been　　　イ．went　　　ウ．gone　　　エ．being
(2) They (　) in the house these ten years.
　　ア．live　　　イ．are living　　ウ．were living　　エ．have lived
(3) Have you (　) seen a whale?
　　ア．already　　イ．ever　　　ウ．once　　　エ．yet
(4) When (　) you read the book?
　　ア．have　　　イ．are　　　ウ．were　　　エ．did
(5) Dick and Paul (　) already finished their homework.
　　ア．hasn't　　　イ．haven't　　ウ．has　　　エ．have

2 日本文の意味になるよう，各空所に適する語を入れなさい。　（各文4点）
(1) Where _____ you _____?
　　あなたはどこへ行ってきたところですか。
(2) _____ you finished your homework _____?
　　あなたはもう宿題をやってしまいましたか。
(3) I _____ _____ from him since last year.
　　昨年以来彼から便りがありません。
(4) How long _____ your sister _____ sick in bed?
　　きみの妹は病気でねてからどのくらいになりますか。
(5) I _____ _____ Eob _____ three days.
　　私はボブに3日間あっていません。

3 〔 〕内の指示にしたがって，下の文の空所をうめなさい。　（各文4点）
(1) {It is warm. 〔うしろに since yesterday をつけて〕
　　It _____ _____ warm since yesterday.
(2) {May went to church, and she isn't here now. 〔同じ内容の文に〕
　　May _____ _____ to church.
(3) {I lost my pen, and I don't have it now. 〔同じ内容の文に〕
　　I _____ _____ my pen.

(4) {He came to Japan two years ago and he is still in Japan.
　　　　　　　　　　　　　　　　　　〔同じ内容の文に〕
　　　He _____ _____ _____ Japan _____ two years.

4 次の文中の下線部(1), (2)と同じ用法の現在完了を下のア～エの文例から1つずつ選び，その記号を答えらんに入れなさい。　　　　(各4点)

I arrived in Washington a few days ago. (1)I have been quite well since I came here. Tomorrow I'll visit the White House, because (2)I have never seen it.

　ア．He has visited Paris before.
　イ．My uncle has become a doctor.
　ウ．The train has already started.
　エ．I've used this desk for ten years.　　(1)と(　)，(2)と(　)

5 対話文の空所①～⑥に適する語を1つずつ入れなさい。　　(各4点)

A: I haven't seen your sister ①_____ a long time. What's the matter with her?
B: She has ②_____ to France.
A: When ③_____ she go to France?
B: Three months ago. She went to study French.
A: When ④_____ she come back?
B: Perhaps at the end of next year.
A: By the way, have you ever ⑤_____ to Europe?
B: No, I ⑥_____. But my father has.

6 次のことを英語であらわしなさい。　　(各4点)

(1) 私は月曜日からずっと忙しいです。

_____

(2) きみは今までにロシヤ料理を食べたことがある？ (Russian food)

_____

(3) あなたはいつからコインを集めているのですか。

_____

得点	評価	基準	A…80点以上　B…79点～60点　C…59点以下	合格圏	70点

第23日 不定詞 (1)

要点学習

1. **不定詞の3用法**
   (1) **名詞的用法**……文の中で主語，目的語，補語の働きをする。
   <u>To tell</u> a lie is wrong.（うそをつくことは悪い。）
   His hobby is <u>to read</u> books.（彼の趣味は本を読むことです。）
   Tom likes <u>to swim</u>.（トムは泳ぐことが好きです。）
   (2) **形容詞的用法**……うしろから前の名詞（代名詞）を形容する。
   I want something <u>to eat</u>.（なにか食べるもの）
   He has no house <u>to live in</u>.（住むための家）
   (3) **副詞的用法**……目的（～するために）または原因（～して）を示す。
   He came <u>to see</u> me.（私にあうためにやって来た。）
   I am glad <u>to see</u> him.（彼にあってうれしい。）
   (注)「～するために」には in order to ～ という熟語を使ってもよい。

2. **It ～ (for ～) to ～の構文**
   主語となる不定詞を文のうしろにまわし，そのあき部分に It をおくと，英語特有の表現になる。It を仮の主語，to ～ を真の主語という。
   To watch television is fun. → It is fun to watch television.
   (注)「～にとって（～だ）」の場合は，for+名詞（代名詞）を to の前におく。
   It is fun <u>for us</u> to watch television.（私たちにとって）

● 受験生はこんなところが弱い ●

① 不定詞の用法の見わけ方を的確にしておこう。
   名詞的用法……（主語の場合）文頭にくるか It～ to～ の形式をとる。
   （補語の場合）be 動詞のあとにくる。
   （目的語の場合）want, like, begin, try, decide, forget などのあと。
   形容詞的用法……名詞＋to ～の形をとり，その関係が「～するための～」となる。
   副詞的用法……（目的を示す場合）前の動詞と「～するために→～する」と結びつく。
   （原因を示す場合）glad (happy, sorry, sad, surprised など) の原因となる。
② It～ to～ の文と形容詞的用法の文は必ず出題される。特に語順を正す問題として多く出されるので，教科書の代表例文をいくつか暗記しておこう。
*③ 形容詞的用法のあとに**前置詞**がつく場合もまとめておく必要がある。
   　　a house to live *in*（住むための家）　　a chair to sit *on*（座るための椅子）
   　　friends to play *with*（遊び友だち）　　music to listen *to*（聞くための音楽）

重要問題の研究

＜例題 A＞

次の(1)～(3)の下線部と同じ用法の不定詞を下のア～エの中から選び，その記号を（ ）の中に入れなさい。

(1) It's time <u>to go</u> to bed.　　　　　　（ ）
(2) She forgot <u>to buy</u> some eggs.　　　（ ）
(3) I stopped <u>to talk</u> with my cousin.　（ ）

　　ア．I don't like to take a bath.
　　イ．I'm glad to see you.
　　ウ．He got up early to catch the first train.
　　エ．Do you have anything to tell him?

ヒント (1) time と to go の関係を考える。 (2) forget to～ は like to～, want to～ と同じ用法。 (3) stop to ～は「～するために立ちどまる」

＜例題 B＞

上下の文が同じ内容になるよう，下の文の空所をうめなさい。

(1) ｛His work is selling books.
　　　His work is ＿＿＿＿ ＿＿＿＿ books.

(2) ｛Playing chess is a lot of fun for us.
　　　＿＿＿＿ is a lot of fun for us ＿＿＿＿ play chess.

ヒント (1) 動名詞は不定詞におきかえられる。(selling→to sell) (2) 動名詞の主語（チェスをすることは）を不定詞の主語になおし，仮主語を使った文におきかえる。

＜例題 C＞

次の（ ）内の語を並べかえて，正しい文を完成しなさい。

(1) He had (do, yesterday, to, nothing).
＊(2) I (write, something, with, to, want).
(3) Is it (me, answer, hard, question, to, the, for)?

ヒント (1), (2)とも不定詞の形容詞的用法の構文にする。(1)は yesterday (2)は with を文尾におく。 (3) It ～ for ～ to ～ の型に入れる。〈要点学習〉2参照。

＜解答＞
A. (1) (エ)　(2) (ア)　(3) (ウ)　　B. (1) to sell　(2) It, to
C. (1) He had nothing to do yesterday.　(2) I want something to write with.
　(3) Is it hard for me to answer the question?

第24日

実力養成テスト —— 不定詞 (1)

1 次の各文の（ ）内に入れる語（句）をすぐ下から選び，その記号を書きなさい。　　　　　　　　　　　　　　　　　　　　　　　　　　（各4点）

(1) He wished to (　) a doctor.
　　ア．be　　　　イ．is　　　　ウ．was　　　　エ．being
(2) I was happy (　) such a good friend.
　　ア．have　　　イ．had　　　ウ．to have　　エ．having
＊(3) I have no pencil to write (　).
　　ア．at　　　　イ．on　　　　ウ．in　　　　　エ．with

2 日本文と同じ意味の英文になるよう，各空所をうめなさい。　（各文4点）

(1) My dream _____ _____ _____ to the moon.
　　私の夢は月へ行くことです。
(2) Do you have _____ _____ read?
　　あなたはなにか読むものをお持ちですか。
＊(3) He has no room _____ _____ _____.
　　彼には勉強するへやがありません。
(4) Don't _____ _____ _____ your name.
　　忘れないであなたの名前を書きなさい。
(5) _____ _____ this mountain in winter is dangerous.
　　冬にこの山に登ることは危険です。

3 次の(1)～(4)の文の下線部と同じ用法の不定詞を下のア～エから選んで，その記号を右の（ ）の中に入れなさい。　　　　　　　　　　　（各4点）

(1) I would like to see your new house.　　　　（　）
(2) There are a lot of things to see there.　　　（　）
(3) I went there to see my friend.　　　　　　　（　）
(4) I was surprised to see my old teacher.　　　（　）
　　ア．I am sorry to hear that.
　　イ．I stopped to talk to Tom.
　　ウ．You must try to get up early.
　　エ．I have a few English books to lend you.

4　上下が同じ内容になるよう，下の文の空所をうめなさい。　　(各文4点)

(1) {Ellen likes listening to music.
　　 Ellen likes _____ _____ to music.

(2) {Writing good English isn't easy.
　　 _____ isn't easy to _____ good English.

(3) {Children have to wear yellow hats.
　　 It is necessary _____ children _____ wear yellow hats.

(4) {He can read the book easily.
　　 It's _____ _____ him to read the book.

5　次の語を並べかえて，その順序を記号で示しなさい。　　(各4点)

(1) ア. piano イ. to ウ. likes エ. the オ. she カ. play
　　(彼女はピアノをひくのが好きです。)　　( )( )( )( )( )( ).

(2) ア. to イ. is ウ. up エ. time オ. get カ. it
　　(起床する時間です。)　　( )( )( )( )( )( ).

(3) ア. one イ. me ウ. there エ. no オ. help カ. is キ. to
　　(私を手伝う人はひとりもいない。)　　( )( )( )( )( )( ).

(4) ア. for イ. speak ウ. difficult エ. to オ. English カ. me キ. it's
　　(英語を話すことは私にはむずかしい。)( )( )( )( )( )( ).

*(5) ア. chair イ. have ウ. sit エ. on オ. I カ. no キ. to
　　(私にはすわる椅子がありません。)　　( )( )( )( )( )( ).

6　次の各文の適するところに ( ) 内の語をおくとすればどこですか。正しい位置を示す記号を○でかこみなさい。　　(各4点)

(1) I want ア something イ to ウ drink エ. (cold)

*(2) She has ア two イ children to take ウ care エ. (of)

7　「雪がふり出した。」を2通りの英文であらわすように，不定詞を使って次の文を完成しなさい。　　(各文4点)

(1) Snow began _____ _____.

(2) It began _____ _____.

第25日

不定詞 (2)

要点学習

1. **疑問詞＋不定詞**
   how to swim（泳ぎかた）　　what to do（何をすべきか）
   where to go（どこへ行くべきか）　when to start（いつ出かけるべきか）
   which to buy（どちらを買ったらよいか）

2. **主語＋tell（ask, want）＋目的語＋to＋原形〜.**
   He told me to clean the room.（彼は私にへやを掃除するように言った。）
   I asked her to open the box.（私は彼女に箱をあけてとたのんだ。）
   I want you to go there.（私はあなたにそこへ行ってもらいたい。）
   （注）不定詞の打ち消し方……to〜のすぐ前に not をおけばよい。
   　　　I told him *not* to eat much.
   　　　（私は彼に食べすぎないようにと言った。）

3. **不定詞の使われる慣用句**
   (1) too＋形容詞(副詞)＋to＋原形……「あまり〜で〜できない」
   　　He is *too* old *to* work.（彼は年をとりすぎていて働けない。）
   (2) enough to＋原形……「〜するのに十分〜」,「とても〜で〜だ」
   　　She was rich *enough to* buy it.（彼女は金持ちでそれを買えた。）
   (3) had better＋原形……「〜したほうがよい」
   　　You *had better* wait here.（ここで待ったほうがよい。）

● 受験生はこんなところが弱い ●

① **疑問詞＋名詞＋不定詞**
　疑問詞のすぐあとに不定詞がこないで，名詞をともなうことがあるので注意しよう。
　I don't know which book to buy.（どちらの本を買ったらよいか）

② 「私は彼に走るように言った」の英文は？
　（正）　I said to him, "Run."
　（正）　I told him to run.
　（誤）　I said to him to run.
　said to には" "（引用符）が必要，不定詞を使うときは said to ではなく told になる。

③ too 〜 to 〜 → so 〜 that 〜 can't などの書きかえに慣れておこう。
　She was *too* busy *to* go.　　→ She was *so* busy *that* she *couldn't* go.
　He is kind *enough to* help me. → He is *so* kind *that* he can help me.
　Shall I open the window?　　→ *Do you want me* to open the window?

重要問題の研究

> **〈例題 A〉**
>
> ア〜エから正しい語（句）を選び，その記号を（ ）の中に入れなさい。
> (1) I told him （　） the bag.
>   　ア．carry　イ．carried　ウ．carrying　エ．to carry
> (2) You had better （　） home now.
>   　ア．go　イ．went　ウ．going　エ．to go
> (3) She told me （　） the box.
>   　ア．not open　イ．don't open　ウ．didn't open　エ．not to open

ヒント (1) tell＋目的語＋不定詞〜の文にする。　(2) had better のあとは to が必要かどうかを考える。　(3) 不定詞の打ち消しには don't や didn't は使わない。

> **〈例題 B〉**
>
> 上下の文が同じ内容になるよう，下の文の空所をうめなさい。
> (1) {I am so tired that I can't walk.
>   　I am ＿＿＿ tired ＿＿＿ ＿＿＿.
> (2) {You are so strong that you can go alone.
>   　You are strong ＿＿＿ ＿＿＿ go alone.
> (3) {Shall I call a taxi?
>   　Do you want ＿＿＿ ＿＿＿ call a taxi?

ヒント (1)「あまり〜で〜できない」(2)「〜するのに十分〜」(3)「私に〜してもらいたいのですか。」という文に書きかえる。前のページの下段③参照

> **〈例題 C〉**
>
> 次のことを英語であらわしなさい。
> (1) 私は彼にもっとゆっくり歩くようにたのんだ。(more slowly)
> (2) 私は彼にギターをひいてもらいたい。

ヒント (1) ask＋目的語＋to 〜の形にはめる。　(2) want him to play の形を使う。

〈解答〉
A. (1)（エ）　(2)（ア）　(3)（エ）
B. (1) too, to walk　(2) enough to　(3) me to
C. (1) I asked him to walk more slowly.　(2) I want him to play the guitar.

第26日

実力養成テスト——不定詞 (2)

1 次の文を（ ）内の日本語に合うように順に書きかえなさい。 (各4点)
I don't know how to dance. （私は踊りかたがわからない。）
(1) I don't know ＿＿＿＿＿＿．（歌い方）
(2) I don't know ＿＿＿＿＿＿．（何を買ったらよいか）
(3) I don't know ＿＿＿＿＿＿．（どこで遊んだらよいか）

2 空所に適当な語を1つずつ入れ，日本文と同じ意味にしなさい。(各文4点)
(1) I want you ＿＿＿ ＿＿＿ the piano.
　　私はあなたにピアノをひいてもらいたい。
(2) He ＿＿＿ me to ＿＿＿ care of his dog.
　　彼は私に彼の犬の世話をしてくれるように頼んだ。
(3) My parents told me ＿＿＿ ＿＿＿ more careful.
　　両親は私にもっと注意深くしなさいと言った。
(4) You had better ＿＿＿ ＿＿＿ coffee.
　　コーヒーは飲まないほうがよい。
(5) She was ＿＿＿ surprised ＿＿＿ speak.
　　彼女はあまりに驚いたので話すことができなかった。

3 上下の文が同じ内容になるよう，（ ）内に1語ずつ適する語を書き入れなさい。 (各空所4点)
(1) {The dog is so old (　　　) he can't run fast.
　　{The dog is (　　　) old to run fast.
(2) {Mother said to me, "(　　　) go out in the rain."
　　{Mother told me (　　　) to go out in the rain.
(3) {(　　　) I read this book?
　　{Do you want (　　　) to read this book?
(4) {He is rich (　　　) to buy a car.
　　{He is so rich that he (　　　) buy a car.

4 次の各列の語を並べかえて，正しい英文にする順序を下の（ ）内に記号で示しなさい。 (各4点)
(1) ア. know イ. use ウ. which エ. don't オ. pen カ. I キ. to

(どちらのペンを使ったらよいか私にはわからない。)
　　　　　　　　　　　　　　　　　( )( )( )( )( )( )( ).
(2) ア. you イ. he ウ. come エ. did オ. ask カ. to
　　(彼はきみに来てとたのみましたか。)　( )( )( )( )( )( )?
(3) ア. clean イ. tell ウ. room エ. to オ. this カ. must キ. I ク. her
　　(私は彼女にこのへやを掃除するように言わなければならない。)
　　　　　　　　　　　　　　　　　( )( )( )( )( )( )( )( ).
(4) ア. understand イ. old ウ. to エ. is オ. it カ. enough キ. she
　　(彼女はそれがじゅうぶんわかる年です。)
　　　　　　　　　　　　　　　　　( )( )( )( )( )( )( ).
(5) ア. is イ. to ウ. the エ. run オ. too カ. fast キ. man ク. old
　　(その人はとても年をとっているので速く走れない。)
　　　　　　　　　　　　　　　　　( )( )( )( )( )( )( )( ).

[5] 次の(1),(2)の文と同じ意味の文になるよう，すぐ下の( )内の語を全部使って，正しい英文を作りなさい。　　　　　　　　(各4点)
(1) She knows where she will go next.
　　(where she next go knows to)
　　_____

(2) She kindly helped me.
　　(help kind me she enough was to)
　　_____

[6] 次の日本文を2通りの英文に書きかえなさい。　　　(各4点)
　　母は私に一生けんめい勉強しなさいと言いました。
(1) _____

(2) _____

第27日　動　名　詞

要点学習

1. **動名詞の働き**
   (1) 主語として……文のはじめにきて，主語の働きをする。
   　　Skating is interesting.（スケートをすることはおもしろい。）
   (2) 補語として……be 動詞のあとにきて，「～すること（です）」となる。
   　　My hobby is *playing* tennis.（私の趣味はテニスをすることです。）
   (3) 動詞の目的語として……like, begin, enjoy, finish などのあとに
   　　They enjoyed *dancing*.（彼らはダンスを楽しんだ。）
   (4) 前置詞の目的語として……of, in, at, by, for などのあとに
   　　He is good at *skiing*.（彼はスキーが得意です。）

2. **動名詞と不定詞の関係**
   (1) stop＋動名詞（～することをやめる）
   　　stop＋不定詞（～するためにとまる）
   　　She stopped talking.（彼女は話すことをやめた。）
   　　She stopped to talk.（彼女は話すために立ちどまった。）
   (2) like, begin のあとの動名詞は不定詞におきかえられる。
   　　They began singing. ＝They began to sing.
   （注）ただし enjoy, finish, mind（気にかける）のあとは動名詞，want, wish, hope, decide（決心する）のあとは不定詞にかぎる。

● 受験生はこんなところが弱い ●

① 動名詞を使った文に書きかえる要領をマスターしよう。
  ○ like to ～ は be fond of ～ing または be interested in ～ing に。
　　He likes to swim.　　→ He is fond of swimming.
　　I like to collect dolls. → I am interested in collecting dolls.
  ○ 動詞～ well は be good at ～ing に。
　　She cooks very well.　→ She is very good at cooking.
② 前置詞＋動名詞の代表例文をいくつかおぼえておこう。
　　I study English by *using* this dictionary.（私はこの辞書を使って英語を学ぶ。）
　　How about *going* on a picnic?（ピクニックに行くのはどうですか。）
　　He went out without *eating* breakfast.（彼は朝食を食べずに外出した。）
③ 動名詞（主語）のあとにくる be 動詞に注意しよう。
　　Collecting stamps is my hobby.（動名詞が主語なので，単数にあつかう。）

重要問題の研究

> **＜例題 A＞**
> 次の各文の空所に適当な語を1つずつ入れなさい。
> (1) Father ＿＿＿＿ ＿＿＿＿ the newspaper.
> 　父は新聞を読みおえました。
> (2) ＿＿＿＿ is good for the health.
> 　牛乳を飲むことは健康によい。
> (3) This is a knife ＿＿＿＿ ＿＿＿＿ fruit.
> 　これはくだものを切るためのナイフです。

ヒント　(1) 動詞と動名詞　(2) 動名詞と名詞　(3) 前置詞と動名詞を入れる。

> **＜例題 B＞**
> 上下の文の意味が同じになるよう，下の文の空所をうめなさい。
> (1) ⎰My mother likes to cook.
> 　　⎱My mother is fond ＿＿＿＿ ＿＿＿＿.
> (2) ⎰Tom can speak French very well.
> 　　⎱Tom is very good ＿＿＿＿ ＿＿＿＿ French.
> (3) ⎰He could catch a big fish.
> 　　⎱He succeeded ＿＿＿＿ ＿＿＿＿ a big fish.

ヒント　(1)〜(3)とも前置詞＋動名詞を入れればよい。(1)，(2)については，前のページの書きかえの例を参考に。(3)は「とらえることに成功した」という文にする。

> **＜例題 C＞**
> 次のことを英語であらわしなさい。（ただし必ず動名詞を使うこと。）
> (1) 彼女はテレビを見るのをやめました。
> (2) あなたは模型飛行機を作るのに興味がありますか。(model planes)
> (3) 放課後野球をしたらどうでしょうか。

ヒント　(1) stop のあとに動名詞を使う。(2) Are you interested in〜? の文にする。(3) How about 〜? で文を始める。

＜解答＞
A. (1) finished reading　(2) Drinking milk　(3) for cutting
B. (1) of cooking　(2) at speaking　(3) in catching
C. (1) She stopped watching television.　(2) Are you interested in making model planes?　(3) How about playing baseball after school?

第28日

実力養成テスト——動名詞

1 次の各文の空所に下から適する語(句)を選び,その記号を書き入れなさい。
(各4点)

(1) Don't be afraid of ( ) mistakes.
　ア. make　　イ. made　　ウ. making　　エ. to make
(2) My cousin wants ( ) a doctor.
　ア. being　　イ. to be　　ウ. become　　エ. becoming
(3) We enjoyed ( ) in the lake.
　ア. swimming　イ. to swim　ウ. swim　　エ. at swimming
(4) We went out, because it stopped ( ).
　ア. rain　　イ. rained　　ウ. to rain　　エ. raining

2 次の各文の空所に適することばを2語ずつ書きなさい。　(各文4点)

(1) ＿＿＿＿＿＿ early is good for the health.
　早起きすることは健康によい。
(2) Thank you ＿＿＿＿＿＿ me to the party.
　パーティへ私を招待してくださってありがとう。
(3) He is proud ＿＿＿＿＿＿ a Japanese.
　彼は日本人であることを誇りに思っている。
(4) How ＿＿＿＿＿＿ to the zoo?
　動物園へ行くのはどうかしら。
(5) She learned English ＿＿＿＿＿＿ the tape.
　彼女はテープを使って英語をまなんだ。

3 上下の文が同じ内容になるよう,下の文の空所をうめなさい。　(各文4点)

(1) {Do you like to play tennis?
　　Are you ＿＿＿ of ＿＿＿ tennis?
(2) {She can dance very well.
　　She is very ＿＿＿ at ＿＿＿.
(3) {He went out, but he didn't say good-by.
　　He went out without ＿＿＿ good-by.
(4) {I like to listen to the radio.
　　I am interested ＿＿＿ ＿＿＿ to the radio.

(5) $\begin{cases} \text{You must do it before you go home.} \\ \text{You must do it before _____ home.} \end{cases}$

(6) $\begin{cases} \text{Will you please open the window?} \\ \text{Would you mind _____ the window?} \end{cases}$

4 次の各文の意味を書きなさい。　　　　　　　　　（各4点）

(1) He went on reading the book.

_____

(2) The best way is telling the truth.

_____

(3) I am thinking of going to Europe.

_____

(4) They stopped fishing and began going home.

_____

(5) Swimming in the sea is easier than swimming in the river.

_____

5 次のことを動名詞を使いながら，英語であらわしなさい。　（各4点）

(1) この質問に答えることは容易ではない。

_____

(2) 私の姉はピアノをひくのがじょうずです。

_____

(3) 私たちは放課後バレーボールをして楽しんだ。(volleyball)

_____

(4) あなたはその絵をかきおえましたか。

_____

(5) あなたの趣味はコインを集めることですか。(coins)

_____

得点	評価	基準	A…85点以上　B…84点〜65点　C…64点以下	合格圏	75点

第29日

現在分詞，過去分詞

要点学習

1. **現在分詞（原形＋ing）の用法**
   (1) 進行形（be＋現在分詞）に使う。
      He is *playing* tennis.　She was *studying* English.
   (2) 前後の名詞を形容する。（～している……）
      〈前置〉現在分詞（単独）→名詞
         the *sleeping* lion（眠っているライオン）
      〈後置〉名詞←現在分詞＋付属語（句）
         the lion *sleeping* in the cage（おりの中で眠っているライオン）
                              （付属語）

2. **過去分詞の用法**
   (1) 受動態（be＋過去分詞）や現在完了（have＋過去分詞）に使う。
      A letter was *written* by him.　He has just *written* a letter.
   (2) 前後の名詞を形容する。（～された……）
      〈前置〉過去分詞（単独）→名詞
         This is a *cooked* fish.（料理された魚）
      〈後置〉名詞←過去分詞＋付属語
         This is a fish *cooked* by her.（彼女に料理された魚）
                              （付属語）

● 受験生はこんなところが弱い ●

① 「分詞＋付属語」がうしろから主語を形容する場合に注意しよう。
　The girl *playing the piano* is Rose.（ピアノをひいている少女はローズです。）
　The language *spoken in America* is English.
　　　　　　　　　　　　　（アメリカで話される言語は英語です。）

② 受動態の文と過去分詞が名詞を形容する文とを混同しないように。
　The box was made by Tom.（受動態）
　This is a box made by Tom.（名詞を形容）（トムによって作られた箱）

③ 分詞を使った文の書きかえに慣れておこう。
　A girl is swimming there. She is May. → The girl *swimming* there is May.
　I got a letter. It was written by Ben. → I got a letter *written* by Ben.

重要問題の研究

<例 題 A>

次の文の下線部と同じ用法の ～ing を下のア～オから1つ選び，その記号を○でかこみなさい。

　A little girl holding a doll came up to us.
ア．Look at the running dog.　　イ．Was the girl playing tennis?
ウ．I like reading books.　　　　エ．It stopped raining.
オ．Who is the man standing there?

ヒント　下線の holding はすぐ前の girl を形容して「人形をかかえている少女」という意味。したがってア～オの中から前の名詞を形容する ～ing をさがせばよい。

<例 題 B>

次の各組上下の文が同じ内容になるよう，下の文の空所をうめなさい。

(1) ｛A girl is playing the piano. She is Alice.
　　　＿＿＿＿ girl ＿＿＿＿ the piano is Alice.

(2) ｛He has a watch. It was made in Germany.
　　　He has ＿＿＿＿ ＿＿＿＿ ＿＿＿＿ in Germany.

ヒント　(1)「ピアノをひいているその少女は～」と現在分詞を名詞のうしろにおいて形容させる。(2)「ドイツで作られた時計」とするために，watch のあとに過去分詞を使う。

<例 題 C>

次の語を並べかえて，正しい英文を完成しなさい。
(1) to fish I swimming draw like
　　（私は泳いでいる魚をかくのが好きです。）
(2) made are good these Japan very in radios
　　（日本製のこれらのラジオはとてもよい。）

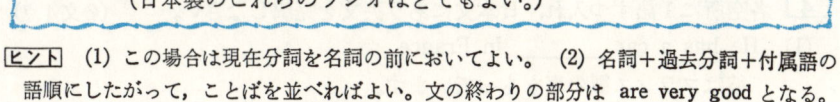

ヒント　(1) この場合は現在分詞を名詞の前においてよい。　(2) 名詞＋過去分詞＋付属語の語順にしたがって，ことばを並べればよい。文の終わりの部分は are very good となる。

<解答>

A．オ
B．(1) The, playing　(2) a watch made
C．(1) I like to draw swimming fish.　(2) These radios made in Japan are very good.

第30日

実力養成テスト——現在分詞，過去分詞

1 （　）内に下から適する語（句）を選び，その記号を入れなさい。（各4点）
(1) Look at the (　) baby.
　　ア．cry　　　イ．cried　　　ウ．crying　　　エ．to cry
(2) There is a lot of (　) glass on the ground.
　　ア．break　　イ．broke　　　ウ．broken　　　エ．breaking
(3) The man (　) by the door is Dick's father.
　　ア．standing　イ．stands　　ウ．stood　　　エ．to stand
(4) The language (　) in the country is German.
　　ア．speaking　イ．spoke　　　ウ．speaks　　　エ．spoken
(5) Who is the lady (　) with your mother?
　　ア．talk　　　イ．talking　　ウ．talked　　　エ．talks

2 文尾の〔　〕内の語を適する形にして，文中の空所に入れなさい。（各4点）
(1) I received a letter ＿＿＿＿＿ in English. 〔write〕
(2) The man ＿＿＿＿＿ the tree is Tom's uncle. 〔cut〕
(3) Do you know a girl ＿＿＿＿＿ May? 〔call〕
(4) Look at the ＿＿＿＿＿ wall. 〔paint〕

3 文尾の（　）内の語を文中におぎなうとすればどこですか。正しい位置を示す記号を○でかこみなさい。　　　　　　　　　　　　　　　　（各4点）
(1) I like ア the イ man ウ at エ the オ desk. (sitting)
(2) The boy will ア bring イ a ウ lot エ of オ eggs. (colored)
(3) This is ア a イ picture ウ by Mr. Jones エ on the top オ of the mountain. (taken)

4 各空所に1語ずつ入れ，日本文にあう英文を完成しなさい。　（各文4点）
(1) He has a car ＿＿＿＿＿ in France.
　　彼はフランス製の車をもっています。
(2) The people ＿＿＿＿＿ ＿＿＿＿＿ are all kind.
　　そこに住んでいる人々はみんな親切です。
(3) Is this the ＿＿＿＿＿ ＿＿＿＿＿ ＿＿＿＿＿ many people?
　　これは多くの人々に読まれた物語ですか。

(4) The woman brought a basket _____ with apples.
　　その婦人はりんごのいっぱいはいったかごをもってきた。

5 下の空所に1語ずつ入れ，上下を同じ内容にしなさい。　　　（各文4点）

(1) {Here is a picture. Grace took it.
　　　Here is a picture _____ _____ Grace.

(2) {The tree is big. It stands on the hill.
　　　The _____ _____ on the hill is big.

6 次の語を並べかえて，正しい英文を完成しなさい。　　　（各4点）

(1) I Jane a named met girl
　　（私はジェインという名の少女にあった。）
　　_____

(2) by is aunt the my this sent doll
　　（これは私のおばから送られた人形です。）
　　_____

(3) riding who woman that the bicycle is
　　（あの自転車に乗っている婦人はだれですか。）
　　_____

7 次のことを英語であらわしなさい。　　　（各4点）

(1) これは訓練された犬です。
　　_____

(2) これは公園で見つかったねこです。
　　_____

(3) バイオリンをひいている少年はだれですか。
　　_____

(4) 雪でおおわれている山は富士山です。
　　_____

第31日

付加疑問文，間接疑問文，時制の一致

要点学習

1. **付加疑問文**
   (1) 肯定文のあと……，～n't＋代名詞？（～ですね）
      Dick can swim, <u>can't he</u>?　Ellen went there, <u>didn't she</u>?
   (2) 否定文のあと……，動詞（助動詞）＋代名詞？（～ではないですね）
      You aren't busy, <u>are you</u>?　Jane won't come here, <u>will she</u>?
   (3) 命令文のあと……肯定，否定どちらにも will you?（～してね，～しないでね）　Let's～．には，shall we?（～しようね）
      Open the box, <u>will you</u>?　Don't play here, <u>will you</u>?
      Let's have lunch, <u>shall we</u>?

2. **間接疑問文**
   疑問詞以下の語順がふつうの文と同じになり，do(does, did) はとる。
   Do you know?＋Who is he?　　→ Do you know <u>who he is</u>?
   I don't know.＋Where did she go? → I don't know <u>where she went</u>.

3. **時制の一致**
   主節の動詞（接続詞や疑問詞の前の動詞）が過去になると，あとの動詞や助動詞もその影響をうけて過去形になる。
   { He <u>says</u> that he <u>is</u> busy.　　{ I <u>think</u> that he <u>will</u> come.
   { He <u>said</u> that he <u>was</u> busy.　　{ I <u>thought</u> that he <u>would</u> come.

● 受験生はこんなところが弱い ●

① **This is ～. These are ～. There is ～. などの付加疑問はどうなるだろうか。**
   This is (That's)～, <u>isn't it</u>?　　These (Those) are ～, <u>aren't they</u>?
   There is～, <u>isn't there</u>?　　（注）I <u>am</u>～, <u>aren't</u> I?（am → aren't）

② **付加疑問文の応じかたを理解しておこう。**
   ～, will you? → Yes, I will. (No, I won't.), ～, shall we? → Yes, let's.
   (No, let's not.) （注）Yes,～．より Sure.（ええ，いいですとも。）で応じることが多い。

③ **間接疑問文の知識は，語順を正す問題でもっとも多くためされる。**
   what, don't, making, he, know, I, is → I don't know <u>what he is making</u>.

④ **文の書きかえに，時制の一致を正しく適用することが大切である。**
   He was too old to work. → He <u>was</u> so old that he <u>couldn't</u> work.
   Lucy ran as fast as possible.
   　　　　　　　　→ Lucy <u>ran</u> as fast as she <u>could</u>.（できるだけ速く）

重要問題の研究

<例題 A>

次の各文の空所に適する語を1つずつ入れなさい。
(1) Dick read the story, _____ _____ ?
(2) Your brother has a camera, _____ _____ ?
(3) Alice hasn't eaten lunch yet, _____ _____ ?
(4) Lend me your dictionary, _____ _____ ?

ヒント (1) 主語が3人称・単数なので，このreadは過去。(2), (3) hasは現在完了のときだけ has ↔ hasn't, 他の場合はdoesの力をかりる。(4) 命令文の場合は？

<例題 B>

次の語を並べかえて，日本文と同じ意味の英文にしなさい。
(1) understand am who do I you
　　あなたは私がだれだかわかりますか。
(2) one when was no born knows he
　　だれも彼がいつ生まれたのか知りません。
(3) where can't has tell gone I he
　　彼がどこへ行ってしまったのか私には言えません。

ヒント 3つの文とも後半を「疑問詞＋主語＋動詞」と並べ，間接疑問文にする。文の始めは (1) Do you understand (2) No one knows (3) I can't tell となる。

<例題 C>

上下の文が同じ意味になるよう，下の文の空所をうめなさい。
(1) { They were too hungry to walk fast.
　　{ They were so hungry that _____.
(2) { Lucy visited her uncle as often as possible.
　　{ Lucy visited her uncle as often as _____.

ヒント 2文とも時制の一致の規則をよく考えてから書きかえること。
too ～ to ～ = so ～ that ～ can't (couldn't) ～, possible = 主語＋can (could)

<解答>
A. (1) didn't he (2) doesn't he (3) has she (4) will you
B. (1) Do you understand who I am? (2) No one knows when he was born.
　 (3) I can't tell where he has gone. C. (1) they couldn't walk fast (2) she could

第32日

実力養成テスト——付加疑問文，間接疑問文，時制の一致

1 次の各文の（ ）内に下から適する語（句）を選び，その記号を書き入れなさい。 (各4点)
(1) Your mother looks very young, (　)?
　　ア．is she　　イ．does she　　ウ．isn't she　　エ．doesn't she
(2) These tomatoes are fresh, (　)?
　　ア．aren't these　　イ．aren't they　　ウ．are these　　エ．are they
(3) Mr. Miller won't go fishing, (　)?
　　ア．will he　　イ．won't he　　ウ．didn't he　　エ．doesn't he
(4) I didn't know that she (　) ill in bed.
　　ア．is　　イ．was　　ウ．has been　　エ．had
(5) I knew (　).
　　ア．where lived he　　イ．where did he live
　　ウ．where he lived　　エ．where he did live

2 日本文の意味になるよう，次の各空所をうめなさい。 (各文4点)
(1) Clean the room, _____ _____?
　　へやをそうじしてくださいね。
(2) Let's play baseball, _____ _____?
　　野球をしましょうね。
(3) This book isn't interesting, _____ _____?
　　この本はおもしろくありませんね。
(4) Bill _____ buy a ball, _____ _____?
　　ビルはボールを買いませんでしたね。
(5) Tom and Ned _____ speak Japanese, can _____?
　　トムとネッドは日本語を話せませんね。

3 次の各文を〔 〕内の指示にしたがって書きかえると，下の文の空所にどんなことばを入れますか。各文を完成しなさい。 (各文4点)
(1) What are you making? 〔We don't know につづけて〕
　　We don't know _____.
(2) Where does she study art? 〔Please tell につづけて〕
　　Please tell _____.

(3) She says she may be late for school. 〔says を said に〕
　　She said she ＿＿＿＿＿＿＿＿＿＿ for school.
(4) Dick worked as hard as possible. 〔同じ意味の文に〕
　　Dick worked as hard as ＿＿＿＿＿＿＿＿＿＿．
(5) The bath was too hot for me to get into. 〔同じ意味の文に〕
　　The bath was so hot ＿＿＿＿＿＿＿＿＿＿＿＿＿＿＿．

4 次の各列の単語を並べかえて，日本文と同じ内容になるよう，その順序を記号で示しなさい。　　　　　　　　　　　　　　　　　　　(各4点)
(1) ア. knows　イ. it　ウ. why　エ. wonder　オ. he　カ. I
　　どうして彼はそれを知ってるのかしら。　( )( )( )( )( )( )
(2) ア. he　イ. know　ウ. where　エ. do　オ. went　カ. you
　　きみは彼がどこへ行ったか知ってますか。　( )( )( )( )( )( )
(3) ア. Mike　イ. I　ウ. what　エ. don't　オ. said　カ. know
　　マイクが何と言ったか私は知りません。　( )( )( )( )( )( )
(4) ア. she　イ. buy　ウ. ask　エ. will　オ. I'll　カ. which
　　私は彼女がどれを買うかきいてみよう。　( )( )( )( )( )( )
(5) ア. did　イ. didn't　ウ. Jack　エ. tennis　オ. he　カ. play
　　ジャックはテニスをしませんでしたね。　( )( )( )( )( )( )

5 次の文は Tom と May が登校する途中の会話の一部です。①～⑤ の各空所に1語ずつ正しい英語を入れなさい。　　　　　　　　　(各4点)

Tom: We are a few minutes late this morning, ①＿＿＿ we?
　　　What time is it by your watch?
May: We aren't late. It's half past eight by my watch.
Tom: It's twenty-five to nine ②＿＿＿ mine.
May: Well, I know my watch is right. I put it right at breakfast when I was listening ③＿＿＿ the radio.
Tom: Then my watch is ④＿＿＿ minutes fast, isn't ⑤＿＿＿?
May: Yes. We aren't late.

第33日

関係代名詞 (1)

要点学習

1. 関係代名詞の種類と格の変化

先行詞	(人)	(物・動物)	(人・物・動物)	〈格の使いわけ〉
主　格	who	which	that	あとに動詞, 助動詞がくる。
＊所有格	whose	whose	──	あとに名詞がくる。
目的格＊	whom	which	that	あとに主語がくる。

2. 関係代名詞による文のつなぎ方

(主　格) { I know a boy. He is playing tennis.
　　　　　 I know a boy who is playing tennis. 〔He → who〕

＊(所有格) { I know a boy. His father is a teacher.
　　　　　　 I know a boy whose father is a teacher. 〔His → whose〕

＊(目的格) { I know a boy. You met him.
　　　　　　 I know a boy whom you met. 〔him → whom〕

3. 先行詞が主語になっている場合のあつかい

The desk which my father bought was large.
　　　　　　　　　　　　　　　　　(私の父が買ってくれた机)

＊The mountain whose top is covered with snow is high.
　　　　　　　　　　　　　　　　　(頂上が雪でおおわれている山)

● 受験生はこんなところが弱い ●

＊① 選択問題, 空所補充問題にそなえて, 格の使いわけを確実にしておこう。
　　She is the teacher (who, whose, whom) we like. ──すぐあとに主語 (we) があるので, whom (目的格) を選ぶ。〈要点学習〉1をもう一度たしかめよう。

＊② 2文を1文にするとき, 前の文の主語が先行詞の役目をする例に注意しよう。
　　The boy is tall. His name is Tom. (The boy が先行詞になるので, うしろの文をそのすぐあとに入れて) → The boy whose name is Tom is tall. とする。

③ 先行詞が主語になっている文の配列に十分注意しよう。
　　(並べかえ) here, who, is, girl, Jane, yesterday, came, the
　　(きのうここへきた少女はジェインでした。)
　　→ The girl who came here yesterday was Jane.

④ 内容をかえずに書きかえる要領を身につけよう。
　　The boy standing there is Tom. ＝ The boy who is standing there is Tom.
　　This is a watch made in Japan. ＝ This is a watch which was made in Japan.

重要問題の研究

<例題 A>

各文の（ ）内に，下から適する語を選び，その記号を入れなさい。

(1) She is the lady (　　) teaches us music.
　　ア．who　　イ．whose　　ウ．whom　　エ．which

＊(2) I have a cat (　　) tail is very short.
　　ア．which　　イ．whose　　ウ．its　　エ．that

＊(3) The girl (　　) I have invited will come soon.
　　ア．who　　イ．whose　　ウ．whom　　エ．which

ヒント　〈要点学習〉の1でふれたように，すぐうしろに動詞があれば→主格，名詞があれば→所有格，主語があれば→目的格を使う。

<例題 B>

上下の文が同じ内容になるよう，下の文の空所をうめなさい。

(1) { Look at the girl playing the piano.
　　　Look at the girl ＿＿＿＿ ＿＿＿＿ ＿＿＿＿ the piano.

＊(2) { Do you know a boy named Tom?
　　　Do you know a boy ＿＿＿＿ ＿＿＿＿ is Tom?

(3) { The man was my uncle. You met him last night.
　　　The man ＿＿＿＿ ＿＿＿＿ ＿＿＿＿ last night was my uncle.

ヒント　(1)～(3)とも関係代名詞を使って書きかえればよい。空所に(1)は主格＋be＋～ing, (2)は所有格＋名詞, (3)は目的格＋主語＋動詞を入れる。

<例題 C>

次の語を並べかえて，正しい英文にしなさい。

(1) building this which is built he the (?)
(2) wrote interesting book was which he the very (.)

ヒント　(1)は「これは彼が建てた建物ですか。」(2)は「彼が書いたその本はたいへんおもしろかった。」という文をそれぞれ完成すればよい。(2)は The book ～で文を始める。

<解答>

A. (1) ア　(2) イ　(3) ウ　　B. (1) who（または that）is playing　(2) whose name
(3) that（または whom）you met　　C. (1) Is this the building which he built?
(2) The book which he wrote was very interesting.

第34日

実力養成テスト——関係代名詞 (1)

1 各空所に who, whose, whom, which のいずれかを入れなさい。(各4点)
* (1) I know an American _____ wife is a Japanese.
* (2) Here is a woman _____ you know well.
  (3) This is the man _____ wants to see your father.
  (4) The camera _____ is on the desk is mine.
* (5) The doctor _____ we saw yesterday is famous.
* (6) I went to the town _____ streets were quiet.

2 次の文の各空所に1つずつ適する語を入れ，日本文と同じ内容の英文にしなさい。ただし関係代名詞は that 以外のものを使う。　　(各文4点)
* (1) I can't forget the man _____ I met in London.
　　　私はロンドンであったその人を忘れることはできない。
  (2) He is a teacher _____ _____ us English.
　　　彼は私たちに英語を教えてくれる先生です。
* (3) The _____ _____ cover is green is Tom's.
　　　表紙がみどり色の本はトムのです。
  (4) She climbed the hill _____ _____ near her house.
　　　彼女は彼女の家の近くにある丘にのぼった。
  (5) A man _____ _____ a nice car came here.
　　　すばらしい車をもった人がここへやってきた。
* (6) I know a girl _____ _____ is a pilot.
　　　私はおじさんがパイロットをしている少女を知っている。

3 次の2文を関係代名詞を用いて1文にしなさい。　　(各4点)
  (1) Bill has a camera. It's better than mine.

　　_____

  (2) The girl was Alice. She served coffee.

　　_____

  (3) These are pictures. Mr. Green painted them last year.

　　_____

*(4) A boy came along. His left hand was hurt.

_____

4 上下が同じ内容になるよう，下の空所に1語ずつ入れなさい。 （各文4点）

(1) ｛The building standing on the hill is our school.
     The building _____ _____ on the hill is our school.

*(2) ｛Do you know the boy who has blue eyes?
      Do you know the boy _____ _____ _____ blue?

(3) ｛I have no friends to talk with.
     I have no friends _____ _____ talk with.

5 次の各文の that を他の関係代名詞におきかえなさい。 （各4点）

(1) Do you know the boy that is painting a picture?
                         (   )

(2) I want to find the knife that I lost yesterday.
                               (   )

*(3) The gentleman that she invited didn't like cats.
                  (   )

6 次の語を並べかえて，正しい英文を完成しなさい。 （各4点）

(1) car in was is Germany a made this which
    これはドイツで作られた車です。

_____

(2) famous lady this the a wrote was that singer book
    この本を書いた婦人は有名な歌手でした。

_____

*(3) city was visited very the history old whose we
     私たちは歴史のとても古い都市をおとずれた。

_____

| 得点 | 評価 | 基準 | A…80点以上 B…79点〜60点 C…59点以下 | 合格圏 | 70点 |

第35日

関係代名詞 (2)

要点学習

1. **関係代名詞 that の用法**
   (1) who (whom) や which の代用
   (2) 先行詞が「人と動物」,「人と物」のとき
       Look at the boy and the dog that are running.
   *(3) 先行詞に最上級, only, first, last, same, all, every のつくとき
       He is the first man that got to the moon.
   *(4) 先行詞が something, anything, everything のとき
       Tell me something that you know.
   *(5) 疑問詞 (who, which など) で始まる疑問文のとき
       Who is the boy that hit a home run?

2. **関係代名詞の省略**
   関係代名詞の目的格は省略できる。目的格はすぐあとに主語があるので, そこからヒントをえる。
   *(1) **whom** の省略
       He is a boy ∧ I like very much.
       (彼は私がとても好きな少年です。)
   (2) **which** の省略
       The picture ∧ she painted is beautiful.
       (彼女がかいた絵は美しいです。)

● 受験生はこんなところが弱い ●

*① 関係代名詞 that の省略を見ぬけるようにしておこう。
   I ate everything my mother cooked for me.（私は母がこしらえてくれたものをみんな食べてしまった。）——everything のあとに that が省略されている。
   All the students Mr. Green teaches are good at English.（グリーン先生の教える生徒はみな英語が上手です。）——students のあとに that が省略。
② 今までに習った that のいろいろな用法をまとめておこう。
   That is a good car.（あれは）〈代名詞〉
   That car is new.（あの）〈形容詞〉
   I think that it is a good car.（〜と）〈接続詞〉
   It's the best car that I've ever had.〈関係代名詞〉

重要問題の研究

<例題 A>

次の英文を日本文になおしなさい。
(1) That's the tree we planted three years ago.
(2) He is the musician you wanted to meet.
(3) Show me all the stamps you have.

ヒント 各文とも関係代名詞が省略されている。(1) tree ∧ we (2) musician ∧ you (3) stamps ∧ you

<例題 B>

次の下線をつけた文の that と同じ用法の that をア～ウの中から1つ選び，記号を○でかこみなさい。

<u>Jane was the first girl that arrived there.</u>

ア．I know that Tom is a kind boy.
イ．Tom is the only boy that I have.
ウ．Tom is so busy that he can't play.

ヒント ア．接続詞（先行詞がない）　イ．関係代名詞（boyが先行詞）　ウ．so～that の that も接続詞

<例題 C>

次の語を並べかえて，正しい英文にしなさい。
*(1) eggs small bought the she that are all
　　彼女が買ったたまごはみんな小さい。
*(2) came boy was the Dick that here last
　　ここへ来た最後の少年はディックでした。

ヒント (1), (2) とも先行詞が主語になる文を作る。つまり (1) は All the eggs that～，(2) は The last boy that ～で文を始める。

<解答>

A. (1) あれは私たちが3年前に植えた木です。　(2) 彼はあなたが会いたがっていた音楽家です。　(3) あなたが持っている切手を全部見せてください。
B. イ
C. (1) All the eggs that she bought are small.
　(2) The last boy that came here was Dick.

第36日

実力養成テスト──関係代名詞 (2)

1 各 ( ) 内に下から適する語を選び，その記号を入れなさい。　(各4点)

*(1) He knows all the stories (　) children love.
　　ア．which　　　イ．whose　　　ウ．that　　　エ．whom
*(2) I met a girl (　) hair was long.
　　ア．who　　　イ．which　　　ウ．that　　　エ．whose
*(3) She is the most lovely girl (　) I've ever met.
　　ア．who　　　イ．whose　　　ウ．whom　　　エ．that

2 次の各文の空所に関係代名詞を入れなさい。　(各4点)

*(1) I love people _____ hearts are good.
*(2) Tell everything _____ you know about Japan.
*(3) Who is the girl _____ painted this picture?
*(4) We have a friend _____ parents live in Chicago.

3 次の各文に that をおぎなうとすればどこですか。文中の適当な位置を示すところの記号を○でかこみなさい。　(各4点)

(1) This is ア the same イ watch ウ I lost エ.
(2) The first ア thing イ we must do ウ is エ to catch オ the wolf.
(3) All the boys ア study イ in this class ウ are エ from オ Africa.

4 次の ( ) の中に，下のア～カの中から適する語を選び，その記号を書き入れなさい。ただし同じ記号を2回以上使わないこと。　(各4点)

(1) Do you (　) that tall man in the garden?
(2) The big (　) that we saw was sleeping.
(3) I (　) that your father will get well soon.
(4) This is (　) that I know about him.
(5) She was so (　) that she began to dance.
(6) The (　) that was told by Tom wasn't true.
　　ア．happy　　　イ．hope　　　ウ．news　　　エ．dog
　　オ．know　　　カ．all

5 次の6つの文のうち，関係代名詞の省略できる文を3つ選び，その記号を○でかこみなさい。　　　　　　　　　　　　　　　　　　　　　　　　(各4点)
ア．I enjoyed the songs which they sang.
イ．Mr. West is a pilot that flies the plane.
ウ．I want to find the pen that I lost yesterday.
エ．This is the bus which takes us to New York.
オ．We can see the river which runs through the city.
カ．Look at the car which he will drive tomorrow.

6 次の各文の意味を書きなさい。　　　　　　　　　　　(各4点)
(1) Look at the car Mike is driving.

(2) The apples we ate this morning were good.

(3) This is the first letter that he wrote to me.

7 次の語を並べかえて，正しい文になおしなさい。　　　(各4点)
(1) everyone to is wants city visit Paris a
   (パリはみんなが訪れたがっている都市です。)

(2) visited the years we that's five ago museum
   (あれは私たちが5年前に訪れた博物館です。)

＊(3) bird I've most this the seen that is beautiful ever
   (これは私が今までに見たうちで一番美しい鳥です。)

第37日

前 置 詞

要点学習

1. **時を示す前置詞**

   at noon 正午に，on Sunday 日曜日に，
   in the morning 午前に，in April (summer) 4月（夏に）

   { *from* 1972　　　　1972年から
   { *since* last month　先月からずっと

   { *for* ten days　　10日間
   { *during* the winter　冬の間じゅう

   { *in* a few days　　2,3日すると
   { *within* a week　　1週間以内に

   { *till* tomorrow　　明日まで
   { *by* tomorrow　　明日までに

2. **場所・方向を示す前置詞**

   { *at* the station　　駅で
   { *in* New York　　ニューヨークで

   { *into* the room　　へやの中へ
   { *out* of the room　へやから外へ

   { *over* our heads　　頭のま上に
   { *above* the hill　　丘の上のほうに

   { *under* the tree　　木のま下に
   { *below* the river　川の下のほうに

   { *along* the road　　道にそって
   { *across* the street　通りをわたって

   { *beside* the bed　　ベッドのわきに
   { *behind* the rock　岩のうしろに

   { *between* two boys　少年2人の間に
   { *among* many boys　多くの少年の中で

   { *by* the table　　テーブルのそばに
   { *around* he table　テーブルのまわりに

3. **その他の前置詞**

   by bus (plane)　バス（飛行機）で
   in English (ink)　英語（インク）で
   with a knife (pencil)　ナイフ（鉛筆）で
   without a word　ひとことも言わずに

   by your watch　きみの時計では
   in a red dress　赤いドレスを着て
   with an umbrella　かさを持って

   （注）前置詞をふくむ熟語については，第47日であつかう。

受験生はこんなところが弱い

① 「特定の日の朝，午後，晩に」というときは on を使う。
   on Sunday morning 日曜日の朝に，　*on* the afternoon of 5th 5日の午後に
② **through** の使い方を理解しておこう。
   （時）*through* the night 夜中ずっと，（場所）*through* the wood 森を通りぬけて
③ 「電話で」，「テレビで」，「ラジオで」のいい方に注意しよう。
   I talked with him *over* the telephone.　I watched baseball *on* television.
   I listened to the music *over* the radio. (the がつく)

重要問題の研究

<例題 A>

次の各文の空所に適する語を1つずつ入れなさい。
(1) He studied English _____ an hour.
(2) Do you go to school _____ bus?
(3) Open your books _____ page ten.
(4) I received a letter written _____ French.
(5) The dog was killed _____ a stone.

ヒント (1)は「1時間」, (2)は「バスで」という語句を作る。 (3)「狭い場所」に用いる前置詞でよい。 (4)「言語」の前に使う前置詞は? (5)「ナイフで, 鉛筆で」と同じ要領。

<例題 B>

上下の文が同じ意味になるよう, 下の文の空所をうめなさい。

(1) The boys went outside.
　　The boys went _____ _____ the house.

(2) Before swimming, Tom had lunch.
　　Tom _____ _____ lunch.

(3) There is a pond at the back of our school.
　　There is a pond _____ our school.

ヒント (1)「～から外へ」とする。 (2)「トムは昼食のあと泳いだ。」と書きかえる。 (3) at the back of (～のうしろに) を1語であらわす。

<例題 C>

下線部と同じ用法の in を下から1つ選び, 記号を○でかこみなさい。
She came back <u>in</u> a short time.
ア. He was born in 1940.
イ. There is a bird in the cage.
ウ. I'll be ready in a few minutes.
エ. Look at the girl in red shoes.

ヒント 下線の in は「たって」という用法。 in には「～の中に」,「(年) に」,「～を身につけて」,「(時が) たって」などの用法がある。

<解答>
A. (1) for (2) by (3) at (4) in (5) with
B. (1) out of (2) swam after (3) behind　　C. ウ

第38日

実力養成テスト——前置詞

1 （ ）内に下から適する語を選び，その記号を入れなさい。　　（各4点）

(1) He has been in Japan (　) 1965.
　　ア. on　　　イ. in　　　ウ. from　　　エ. since
(2) I stayed at the hotel (　) the vacation.
　　ア. for　　　イ. during　　ウ. at　　　エ. from
(3) There is a boy (　) five girls.
　　ア. between　イ. in　　　ウ. of　　　エ. among
(4) We can't live (　) air and water.
　　ア. on　　　イ. with　　　ウ. without　　エ. by
(5) The earth moves (　) the sun.
　　ア. across　　イ. round　　ウ. along　　エ. through
(6) You can reach there (　) a day or two.
　　ア. in　　　イ. on　　　ウ. at　　　エ. with

2 次の各文の空所に1語ずつ適する語を書き入れなさい。　　（各4点）

(1) She cut meat _____ a knife.
(2) My brother likes to travel _____ ship.
(3) Jane is the tallest _____ us all.
(4) What's the matter _____ you?
(5) You must thank her _____ her kindness.
(6) I met Tom _____ my way home from school.

3 次の文を読んで，①〜④の空所に1語ずつ書き入れなさい。　　（各4点）

　One Sunday afternoon Tom went to the park ①_____ some of his friends. When they were playing in the park, they found an old man looking for something.

　He picked up something on the ground and put it ②_____ his pocket.

　Tom went up to the old man and said, "What are you doing here?" The old man took some broken pieces of glass out ③_____ his pocket and showed them ④_____ Tom.

4　上下の文が同じ意味になるよう，下の文の各空所に適する語を1つずつ書き入れなさい。　　　　　　　　　　　　　　　　　　　(各4点)

(1) { I made her a new sweater.
　　 I made a new sweater ＿＿＿＿ her.

(2) { There is a desk in front of the blackboard.
　　 There is a desk ＿＿＿＿ the blackboard.

(3) { We found a hotel and its roof was red.
　　 We found a hotel ＿＿＿＿ a red roof.

(4) { He walks to school every morning.
　　 He goes to school ＿＿＿＿ foot every morning.

5　次の文中の適当なところに，文尾の（ ）内の語を入れるとすればどこですか。適当な場所の記号を○でかこみなさい。　　　　　　　(各4点)
(1) That poor boy ア was イ laughed ウ by エ them. (at)
(2) My sister ア has イ no friend ウ to エ play オ. (with)

6　次の下線の文の for と同じ用法のものを下から1つ選び，その記号を○でかこみなさい。　　　　　　　　　　　　　　　　　　　(4点)
　　Give me your old cow for this young pig.
　　　ア．Japan is famous for Mt. Fuji.
　　　イ．I'll send you new stamps for old ones.
　　　ウ．I have been in London for three years.
　　　エ．She left for France last week.

7　（ ）内に前置詞が不要な文を2つ選び，記号に○をしなさい。　(各4点)
　ア．I go to church (　) Sunday.
　イ．Come (　) this way.
　ウ．He has been busy (　) last week.
　エ．I'll see you (　) next Saturday.
　オ．Christmas comes (　) December.

| 得点 | 評価 | 基準 | A…80点以上　B…79点〜60点　C…59点以下 | 合格図 | 70点 |

第39日

接 続 詞

要点学習

1. **等位接続詞**（語と語，句と句，文と文を対等の関係で結ぶ役目）
   and（〜と，そして），or（あるいは，それとも），but（しかし），
   so（それで，だから）
   （注）命令文のあとの **and, or** に注意しよう。
   Run, *and* you'll be in time.（走れ，そうすれば間に合う。）
   Run, *or* you'll be late.（走れ，そうしないとおくれる。）

2. **従位接続詞**（接続詞のつく文を，もう１つの文に結びつける役目）
   when（ときに），while（〜の間），that（〜ということ），
   though（〜だけれども），if（もし〜ならば），because（なぜならば，〜だから）
   as（〜なので／〜のとき／〜のように），since（〜以来），
   after（〜のあと），before（〜のまえ），till, until（〜まで）

3. **連語として用いる接続詞**
   both〜and……（〜も……も両方），either〜or……（〜か……どちらか），
   as〜as……（……と同じくらい〜），as soon as（〜するとすぐ），
   as〜as possible（または主語＋can）（できるだけ〜），
   so〜that……（たいへん 〜なので……）

● 受験生はこんなところが弱い ●

① 命令文のあとの and (or) や連語の書きかえ問題には十分慣れておこう。
   Run, and you'll be in time.→ If you run, you'll 〜.〔If you＋肯定に〕
   Run, or you'll be late.　 → If you don't run, you'll 〜.〔If you＋否定に〕
   He is so rich that he can buy it. 　→ He is rich enough to buy it.
   She was so old that she couldn't work.→ She was too old to work.
   Tom ran as fast as possible.→ Tom ran as fast as he could.

② **both 〜 and……, either 〜 or……** のあとの動詞に注意しよう。
   Both Alice and I were busy.（Alice and I が主語）
   Either Alice or Lucy knows you.（うしろの Lucy に一致させる。）

③ **if**（〜ならば）のあとに続く動詞は未来の内容でも現在形を用いる。
   If it is fine tomorrow, we'll go.（If it will be〜としない。）

④ **when**（**that, as**）にはいろいろな用法があるので，その区別が必要。
   when…①ときに（接続詞）　②いつ（疑問副詞）
   that …①あれは（代名詞）　②あの（形容詞）　③〜と（接続詞）　④関係代名詞
   as ……①ように　②時に　③なので（以上接続詞）　④として（前置詞）

重要問題の研究

＜例題 A＞

（　）内に下から適する語を選び，その記号を書き入れなさい。
(1) She caught cold (　) it was very cold.
　　ア．if　　　イ．that　　　ウ．because　　　エ．so
(2) (　) it is autumn, it is still hot.
　　ア．As　　　イ．Though　　　ウ．But　　　エ．Because
(3) Both Tom and I (　) very hungry.
　　ア．am　　　イ．was　　　ウ．were　　　エ．is

[ヒント] (1)「寒かったので，かぜをひいた」 (2)「秋なのにあつい」という文意になるよう，接続詞を選ぶ。 (3) Tom and I (＝We) をうける動詞を選ぶ。

＜例題 B＞

上下の文が同じ内容になるよう，下の文の空所をうめなさい。
(1) ｛I got to the hotel and had lunch at once.
　　＿＿＿＿ ＿＿＿＿ ＿＿＿＿ I got to the hotel, I had lunch.
(2) ｛If you are honest, they will believe you.
　　＿＿＿＿ honest, ＿＿＿＿ they will believe you.
(3) ｛He was too young to ride a horse.
　　He was so young ＿＿＿＿ ＿＿＿＿ ＿＿＿＿ ride a horse.

[ヒント] (1) at once（すぐに）からヒントをえる。 (2) If you＋肯定〜は命令文＋and におきかえられる。 (3) too〜to〜＝so〜that〜couldn't

＜例題 C＞

次の4つの文の中から as の用法が同じものを2つ選び，その記号を○でかこみなさい。
ア．As you know, he is a very clever boy.
イ．Do as I told you.　　ウ．He didn't come as he was ill.
エ．As I left the room, I heard a loud call.

[ヒント] as の用法については〈要点学習〉2参照。ここでは「〜のように」の用法を選ぶ。

＜解答＞
A. (1) ウ　(2) イ　(3) ウ　　B. (1) As soon as　(2) Be, and　(3) that he couldn't
C. アとイ

第40日

実力養成テスト——接続詞

1 次の各文の空所に適する語を1つずつ入れなさい。　　　(各4点)
(1) Some flowers are red, ＿＿＿＿ others are white.
(2) He told me ＿＿＿＿ he knew about it.
(3) I like cheese, ＿＿＿＿ my brother doesn't.
(4) Be a good boy, ＿＿＿＿ Mother will be sad.
(5) It's three years ＿＿＿＿ I came to this town.
(6) You may take either this ＿＿＿＿ that.

2 次の(1)～(4)の語句に続けるものをその下から1つずつ選び、記号を上の文の( )の中に書き入れなさい。　　　(各4点)
(1) Please stay here (　)　　(2) If you turn right, (　)
(3) He was a little child (　)　　(4) I hope (　)
　ア. when his father died.　　イ. till I come back.
　ウ. you'll find the building.　　エ. than my mother.
　オ. that he will get well soon.

3 次の4つの文がそれぞれ同じ内容になるよう、各空所に1語ずつ適する英語を書き入れなさい。　　　(各文4点)
(1) I was (　　) tired (　　) I couldn't go up the hill.
(2) I was very tired, (　　) I couldn't go up the hill.
(3) (　　) I was tired, I couldn't go up the hill.
(4) I was (　　) tired (　　) go up the hill.

4 次の各文の空所に1語ずつ正しい英語を書き入れなさい。　　　(各文4点)
(1) ＿＿＿＿ Bob ＿＿＿＿ Bill went fishing.
　ボブもビルも魚釣りに行った。
(2) Please speak ＿＿＿＿ slowly ＿＿＿＿ you can.
　できるだけゆっくり話してください。
(3) ＿＿＿＿ ＿＿＿＿ ＿＿＿＿ she became ill, she went to the doctor.
　彼女は病気になるとすぐに、医者のところへ行った。

5 上下の文が同じ内容になるよう，下の文の空所に1語ずつ入れ，正しい文を完成しなさい。　　(各文4点)

(1) {Mr. West had tea before writing a letter.
　　Mr. West had tea before _____ _____ a letter.

(2) {Hurry up, or you will be late.
　　_____ _____ _____ hurry up, you will be late.

(3) {He was wise enough to answer the question.
　　He was _____ wise _____ he _____ answer the question.

(4) {I was happy in my childhood.
　　I was happy _____ _____ _____ a child.

6 (1), (2)の下線の単語と同じ用法をふくむ文を，それぞれ下のア〜エから1つずつ選び，その記号を○でかこみなさい。　　(各4点)

(1) He didn't go to school <u>when</u> he was a small boy.
　ア．I don't know when he came home.
　イ．Tell when you will start.
　ウ．When will you come and see me?
　エ．He is always at home when it rains.

(2) I thought <u>that</u> I could jump over it.
　ア．He came here late that afternoon.
　イ．This is the best book that I have ever read.
　ウ．They said that Alice was absent.
　エ．Look at that tall boy. He is a friend of mine.

7 次の語を並べかえて，正しい英文を作りなさい。　　(各4点)

(1) kind likes is everyone she her that so
　　(彼女はとても親切なので，みんな彼女が好きです。)

　　_____

(2) as as must car possible drive safely you the
　　(あなたはできるだけ安全に車を運転しなければならない。)

　　_____

第41日

単語の発音

――― <入試までにこれだけはおぼえておこう> ―――

1. まちがえやすい母音

① [ɑːr] と [əːr] の区別

{hard[hɑːrd] 熱心に　　{heart[hɑːrt] 心　　　{far[fɑːr] 遠い
{heard[həːrd] 聞いた　　{hurt[həːrt] 傷つける　{fur[fəːr] 毛皮

(注) [əːr] の綴字は ir, ur は全部, or, ear にも多い。
　　first, bird, church, nurse, word, world, learn など

② [ɔː] と [ou] の区別

{saw[sɔː] 見た　　　{caught[kɔːt] 捕えた　　{called[kɔːld] 呼んだ
{so[sou] そう　　　 {coat[kout] 上着　　　　 {cold[kould] 寒い

(注) [ɔː] の綴字→au, aw, ou; [ou] の綴字→o, oa, ow
　　bought[bɔːt]―boat[bout], law[lɔː](法律)―low[lou](低い)

③ [au] と [ou] の区別

{now[nau] いま　　　{down[daun] 下へ　　　　{brown[braun] 茶色
{know[nou] 知る　　 {own[oun] 自身の　　　　 {grown[groun] 成長した

④ [u] と [uː] の区別

{full[ful] いっぱいの　{pull[pul] 引く　　　　{foot[fut] 足
{fool[fuːl] 愚かな人　 {pool[puːl] プール　　　{food[fuːd] 食物

(注) ow は [au], [ou]; oo は [u], [uː] どちらにもなるので注意。

⑤ その他の区別

{walk[wɔːk] 歩く　　　{want[wɑnt] ほしい　　　{some[sʌm] いくらか
{work[wəːrk] 働く　　 {won't[wount] will not　{same[seim] 同じの

{fond[fɑnd] 好きで　　{quite[kwait] まったく　{cold[kould] 寒い
{found[faund] 見つけた{quiet[kwáiət] 静かな　　{could[kud] できた

{though[ðou] けれども　{down[daun] 下へ　　　　{say[sei] 言う
{thought[θɔːt] 考えた　{done[dʌn] do の過・分　{says[sez] 3・単・現

{were[wəːr] are の過去　{pond[pɑnd] 池　　　　 {side[said] 側
{wear[wɛər] 着る　　　　{pound[paund] ポンド　 {said[sed] 言った

(注) move[muːv] 動く, warm[wɔːrm] あたたかい, driven[drívn] drive の過・分, lose[luːz] 失う, などにも注意しよう。

―――― <入試までにこれだけはおぼえておこう> ――――

2. まちがえやすい子音

① **c, ch が [ʃ] の音になる特別な例**
ocean[óuʃən] 大洋, musician[mju:zíʃən] 音楽家, machine[məʃí:n] 機械

② **th～の綴字で特にまぎらわしいもの**
though[ðou] けれども, through[θru:] 通って, thought[θɔ:t] 考えた

③ **use の発音** → [ju:s] 使用(名詞), [ju:z] 使う(動詞)
関連して useful[jú:sful] 役に立つ, used[ju:zd] 使った

④ **houses の発音は** [háuziz] と前の s もにごる。

⑤ **語尾の -s(es), -ed の発音**

-s(es)
- [s]……[k], [p], [f] など「いき」の音のあと　　desks, caps
- [z]……「こえ」の出る音のあと　　　　　　　　 boys, rooms
- [iz]……[s], [z], [ʃ], [tʃ], [dʒ] のあと　　　　　 roses, boxes

-ed
- [t]……[k], [p], [f] など「いき」の音のあと　　cooked, helped
- [d]……「こえ」の出る音のあと　　　　　　　　 played, lived
- [id]……[t], [d] 音のあと　　　　　　　　　　　wanted, needed

3. おもな同音異義語 (here-hear)

[bai] { by そばに / buy 買う }　　　[ai] { I 私は / eye 目 }　　　[áuər] { our 私たちの / hour 時間 }

[si:] { see 見る / sea 海 }　　　[sʌn] { sun 太陽 / son 息子 }　　　[θru:] { threw 投げた / through ～を通って }

[ðɛər] { there そこに / their 彼らの }　　　[rait] { right 右 / write 書く }　　　[wud] { wood 森 / would will の過去 }

4. 黙字 (サイレント) の代表例

b…climb[klaim] 登る
d…Wednesday[wénzdi] 水曜日
g…foreign[fɔ́rin] 外国の
gh…daughter[dɔ́:tər] 娘
h…hour[áuər] 時間
k…knock[nɑk] ノックする

l…talk[tɔ:k] 話す
n…autumn[ɔ́:təm] 秋
s…island[áilənd] 島
t…often[ɔ́:fn] しばしば
u…build[bild] 建てる
w…write[rait] 書く

(注) enough[inʌ́f](十分な), laugh[læf](笑う) の gh は [f] と発音する。

第42日

実力養成テスト──単語の発音

1 左端の単語の下線部と同じ発音をふくむ語をそれぞれア～オの中から1つずつ選んで，その記号を○でかこみなさい。　　　　　　　　　　（各4点）

(1) m<u>o</u>ve　（ア. h<u>o</u>me　　イ. c<u>o</u>me　　ウ. l<u>o</u>se　　エ. d<u>o</u>ll　　オ. <u>o</u>ther）
(2) b<u>u</u>sy　（ア. <u>u</u>ncle　　イ. J<u>u</u>ne　　ウ. p<u>u</u>t　　エ. s<u>u</u>n　　オ. b<u>u</u>ild）
(3) s<u>ai</u>d　（ア. st<u>ay</u>　　イ. h<u>ea</u>d　　ウ. sk<u>a</u>te　　エ. m<u>i</u>ne　　オ. s<u>i</u>de）
(4) r<u>e</u>turn　（ア. w<u>o</u>rk　　イ. p<u>a</u>st　　ウ. p<u>a</u>rk　　エ. w<u>a</u>rm　　オ. n<u>o</u>rth）
(5) ar<u>ou</u>nd　（ア. thr<u>ou</u>gh　　イ. w<u>ou</u>ld　　ウ. c<u>ou</u>ntry　　エ. sh<u>ou</u>t　　オ. t<u>ou</u>ch）
(6) l<u>ear</u>n　（ア. c<u>ar</u>　　イ. h<u>ear</u>　　ウ. w<u>or</u>ld　　エ. <u>au</u>nt　　オ. d<u>ear</u>）
(7) clo<u>th</u>es　（ア. bo<u>th</u>　　イ. sou<u>th</u>　　ウ. <u>th</u>irty　　エ. <u>th</u>ough　　オ. <u>th</u>row）
(8) hou<u>s</u>es　（ア. fir<u>s</u>t　　イ. alway<u>s</u>　　ウ. <u>s</u>ome　　エ. li<u>s</u>ten　　オ. hou<u>s</u>e）

2 次の各列5つの単語のうち，下線部の発音が他の4つとことなるものを選んで，その記号を○でかこみなさい。　　　　　　　　　　（各4点）

(1) ア. w<u>oo</u>d　　イ. f<u>oo</u>t　　ウ. c<u>oo</u>k　　エ. f<u>oo</u>d　　オ. t<u>oo</u>k
(2) ア. sn<u>ow</u>　　イ. sh<u>ow</u>　　ウ. br<u>ow</u>n　　エ. gr<u>ow</u>　　オ. wind<u>ow</u>
(3) ア. ni<u>gh</u>t　　イ. enou<u>gh</u>　　ウ. hi<u>gh</u>　　エ. brou<u>gh</u>t　　オ. dau<u>gh</u>ter
(4) ア. <u>ch</u>air　　イ. <u>ch</u>alk　　ウ. rea<u>ch</u>　　エ. kit<u>ch</u>en　　オ. ma<u>ch</u>ine

3 次の文中の下線部の発音と同じ発音をふくむ語を下から1つずつ選び，その記号を○でかこみなさい．　　　　　　　　　　（各4点）

(1) He r<u>ea</u>d the book yesterday.
　　ア. sp<u>ea</u>k　　イ. s<u>ea</u>son　　ウ. br<u>ea</u>d　　エ. l<u>ea</u>ve
(2) Tell me how to u<u>s</u>e this knife.
　　ア. a<u>s</u>k　　イ. hor<u>s</u>e　　ウ. u<u>s</u>eful　　エ. no<u>s</u>e
(3) Tom w<u>o</u>n the first prize.
　　ア. c<u>o</u>usin　　イ. b<u>o</u>x　　ウ. c<u>o</u>ld　　エ. <u>o</u>pen
(4) I hop<u>ed</u> she would have a good time.
　　ア. want<u>ed</u>　　イ. listen<u>ed</u>　　ウ. laugh<u>ed</u>　　エ. visit<u>ed</u>

4 下のア～クの下線部の発音が上下とも同じで，さらに(1)～(4)の文中の下線部とも同じものを選び，その記号を（　）に入れなさい。　　　　　　（各4点）
(1) This apple is very nice.　　　　　　　　（　）
(2) Be kind to your friends.　　　　　　　　（　）
(3) Dr. Yukawa is a great scientist.　　　　（　）
(4) How cold it is this morning!　　　　　　（　）

ア. {says / eight}　　イ. {found / now}　　ウ. {face / break}　　エ. {call / map}
オ. {low / blow}　　カ. {Saturday / Japan}　　キ. {child / buy}　　ク. {city / wide}

5 次の各文の下線部のア～オの中に1つだけ他とことなった発音をする語があります。その記号を○でかこみなさい。　　　　　　（各4点）
(1) The little girl worked hard to learn to spell the words.
　　　　　　　ア　　イ　　ウ　　エ　　　　　　　　オ
(2) Some women were looking for good books for cooking.
　　　　ア　　　　　　イ　　　　ウ　　エ　　　　オ
(3) The news of his death was a great surprise to the teachers and classmates.
　　　　ア　　　イ　　　　　　　　　　　　ウ　　　　　　　エ
　　　オ

6 次の各文の (b) の□に，(a) の下線をつけた語の発音と同じものを入れ，正しい意味の英文を完成しなさい。　　　　　　（各4点）
(1) {(a) Meat is sold at that store.
　　(b) He went to the station to □ his uncle.}
(2) {(a) He ran through the woods.
　　(b) The boy □ a ball.}

第43日

アクセント・文の読み方

――〈入試までにこれだけはおぼえておこう〉――

1. アクセントの問題としてもっともよく出る単語

＊次のように分類して，徹底的におぼえるほうがよい。

A. 前の音節にアクセントのあるもの

（2音節） **al**-ways（いつも） **base**-ball（野球） **bas**-ket（かご）
black-board（黒板） **class**-room（教室） **cof**-fee（コーヒー）
ma-gic（魔法の） **or**-ange（オレンジ） **pic**-nic（遠足）
pock-et（ポケット） **some**-times（ときどき） **vis**-it（訪れる）

（3音節） **a**-ni-mal（動物） **beau**-ti-ful（美しい） **bi**-cy-cle（自転車）
cal-en-dar（こよみ） **dif**-fi-cult（困難な） **dif**-fer-ent（異なる）
ex-er-cise（練習） **fam**-i-ly（家族） **his**-to-ry（歴史）
hos-pi-tal（病院） **li**-bra-ry（図書館） **won**-der-ful（すてきな）

（4音節） **dic**-tion-a-ry（辞書） **eve**-ry-bod-y（みんな）
Feb-ru-ar-y（2月） **in**-ter-est-ing（おもしろい）
Jan-u-ar-y（1月） **u**-su-al-ly（ふだん）

B. 中間の音節にアクセントのあるもの

al-**read**-y（すでに） an-**oth**-er（他の） De-**cem**-ber（12月）
dis-**cov**-er（発見する） e-**lec**-tric（電気の） im-**por**-tant（重要な）
mu-**se**-um（博物館） No-**vem**-ber（11月） Oc-**to**-ber（10月）
Sep-**tem**-ber（9月） po-**lice**-man（警官） re-**mem**-ber（思い出す）
to-**geth**-er（ともに） to-**mor**-row（明日） va-**ca**-tion（休暇）

C. うしろの音節にアクセントのあるもの

（2音節） a-**fraid**（恐れて） be-**come**（なる） be-**gin**（始める）
be-**side**（そばに） be-**tween**（間に） en-**joy**（楽しむ）
e-**nough**（十分な） for-**get**（忘れる） ho-**tel**（ホテル）
i-**dea**（考え） in-**vite**（招く） Ja-**pan**（日本）
ma-**chine**（機械） mis-**take**（誤り） my-**self**（私自身）
per-**haps**（たぶん） re-**turn**（もどる） sur-**prise**（驚かす）
to-**day**（きょう） vi-o-**lin**（バイオリン） with-**out**（〜なしで）

（3音節） in-tro-**duce**（紹介する） un-der-**stand**（理解する）

――――――――＜入試までにこれだけはおぼえておこう＞――――――――

2. 文の中での単語の強勢（ストレス）

(1) ふつうに文を読む場合の原則

　〈強くいう語〉　名詞，指示代名詞 (this, these)，動詞，形容詞，副詞，
　　　　　　　　　疑問詞，感嘆詞 (oh, ah)
　〈弱くいう語〉　人称代名詞 (he, it…)，関係代名詞，冠詞，助動詞，
　　　　　　　　　前置詞，接続詞

　例　**Lucy** put an **apple** on the **table**.
　　　Where did you **go** with your **father yesterday**?
　　　My **brother** has been **studying English** for **ten years**.
　　（注）動詞が連語になっている場合は，中心になる動詞のみを強める。

(2) 問答における答えの文の読み方

　例　Where are you going? → I'm going to the **park**.
　　　What sport do you like best? → I like **tennis** best.

3. 文の区切り方

① 副詞句（時，場所などを示す語句）の前またはあと
② 長い主部（「～は」の部分）のあと
③ 文の中間にある疑問詞，接続詞，関係代名詞の前
④ 文の間に挿入された語句のあと

　例　① Last Sunday/I went fishing/with my friends.
　　　② The boy standing over there/is Tom.
　　　　 The hotel which stands on the hill/is very large.
　　　③ She didn't go there/because she was ill.
　　　　 He climbed the hill/which was near his house.
　　　④ By the way, Father/, your car isn't clean.

4. 文の調子の上げ，下げ（イントネイション）

〈下げる場合〉　平叙文・命令文・感嘆文・疑問詞で始まる疑問文の終わり。
〈上げる場合〉　Yes, No でうけられる問い，文の途中や語句が並ぶとき。
　（注）or の文の前後は A↗ or B↘? の調子になる。

　例　How tall that boy is↘! Do you know who he is↗?
　　　I saw Tom↗, Ned↗, and Bill↘. If it's fine↗, I'll go↘.
　　　Which do you like better↘, summer↗ or winter↘?

第44日

実力養成テスト —— アクセント・文の読み方

1 次のア～ソの中には，最初の部分を強く発音する語が5つあります。その語の記号を選んで，○でかこみなさい。　(各4点)

ア. be-gin　　イ. sec-ond　　ウ. for-get　　エ. for-eign　　オ. en-joy
カ. No-vem-ber　キ. won-der-ful　ク. with-out　ケ. dic-tion-ar-y
コ. be-tween　サ. to-mor-row　シ. my-self　ス. A-mer-i-can
セ. to-geth-er　ソ. moun-tain

2 次の(1)～(5)の各5つの単語の中で，もっとも強く発音される位置が他の4つとちがうものを選び，その記号を○でかこみなさい。　(各4点)

(1)　ア. num-ber　イ. or-ange　ウ. a-go　エ. typ-ist　オ. lis-ten
(2)　ア. hun-dred　イ. be-side　ウ. be-fore　エ. with-in　オ. a-way
(3)　ア. a-gain　イ. po-lice　ウ. be-cause　エ. al-ways　オ. ma-chine
(4)　ア. hos-pi-tal　イ. el-e-phant　ウ. ex-er-cise　エ. his-to-ry
　　 オ. un-der-stand
(5)　ア. bi-cy-cle　イ. Oc-to-ber　ウ. gen-tle-man　エ. hol-i-day
　　 オ. pres-i-dent

3 次の(1)～(5)の各3つの単語について，もっとも強く発音する部分が3つとも同じものは○，1つだけちがっているものは△，3つともちがっているものは×を〔　〕の中に入れなさい。　(各4点)

(1) ｛ ア. cal-en-dar
　　 イ. dif-fer-ent　〔　　〕
　　 ウ. sud-den-ly

(2) ｛ ア. care-ful-ly
　　 イ. sin-cere-ly　〔　　〕
　　 ウ. in-tro-duce

(3) ｛ ア. im-por-tant
　　 イ. fam-i-ly　〔　　〕
　　 ウ. some-bod-y

(4) ｛ ア. mu-se-um
　　 イ. re-mem-ber　〔　　〕
　　 ウ. be-gin-ning

(5) ｛ ア. an-oth-er
　　 イ. dis-cov-er　〔　　〕
　　 ウ. a-ni-mal

4 次の各文をそれぞれ途中1か所区切って読むとすればどこですか。区切る場所の記号を○でかこみなさい。　　　　　　　　　　　　　　　　　　（各4点）

(1) The man you see ア over イ there ウ is エ Mr. Green.
(2) She is taken ア care イ of ウ by エ the nurse.
(3) It is ア good イ for ウ the health エ to オ get up early.
(4) The mountain ア covered イ with ウ snow エ is オ Mt. Fuji.
(5) She is ア so イ kind ウ and エ pretty オ that everyone カ likes her.

5 次の対話文の中の〔A〕,〔B〕の文で，もっとも強く発音される語を1つずつ選び，その記号を○でかこみなさい。　　　　　　　　　　　　　　　（各4点）

Jane: How do you come to school?
Tom: I come to school by bus, and 〔A〕 how do you come to school?
　　　　　　　　　　　　　　　　　　ア　イ　ウ　エ　オ　カ
Jane: I come to school by bicycle. How long does it take to come to school?
Tom: 〔B〕 It takes about an hour.
　　　　　ア　イ　　ウ　　エ　オ

6 次の各組の対話で，返事の文のうちもっとも強く発音する1語を○でかこみなさい。　　　　　　　　　　　　　　　　　　　　　　　　　　　　（各4点）

(1) ｛What are you going to do after school?
　　　I am going to study in the library.
(2) ｛Which bag do you like better?
　　　I like this one better.
(3) ｛Is the book on the desk or under it?
　　　It is on the desk.

第45日 単語の知識

―― <入試までにこれだけはおぼえておこう> ――

1. 注意すべき単語の用法

＊同じ単語でもその文によって，意味がかわるものに注意しよう。

ask	① たずねる ② たのむ		please	① どうぞ ② 喜ばす
can't	① できない ② はずがない		right	① 正しい ② 右（の）
either	① どちらか ② ～も（ない）		second	① 2番目（の） ② 秒
fall	① 落ちる，倒れる ② 秋		still	① まだ ② じっと
hard	① 困難な ② かたい ③ 熱心に		store	① 店 ② たくわえる
kind	① 親切な ② 種類		too	① もまた ② あまりに
left	① 去った ② 左（の）		watch	① 時計 ② （じっと）見る
like	① 好む ② ～のように		way	① 道 ② 方法
look	① 見る ② 見える		well	① じょうずに ② よく ③ 健康な ④ ところで，さて
make	① 作る ② ～する，～させる			
may	① よろしい ② かもしれぬ		yet	① もう（疑問）② まだ（否定）
must	① ねばならぬ ② ちがいない			

例
① *Please* dance for me.　　② This dance will *please* you.
① He is *still* standing.　　② He is standing *still*.
① He has a big *store*.　　② They *store* food in winter.
① The man is old, *too*.　　② The man is *too* old.

2. おもな同意語

秋	autumn, fall		困難な	difficult, hard
休暇	holidays, vacation		食べる	eat, have, take
店	store, shop		望む	hope, wish, want
生徒	pupil, student		聞く	hear, listen (to)
大きい	big, large		見る	see, look (at), watch
よい	good, nice, fine		好む	like, love
病気の	ill, sick		しめる	shut, close
美しい	beautiful, pretty		学ぶ	study, learn
速い	fast, quick		話す	speak, tell, talk

―― <入試までにこれだけはおぼえておこう> ――

3. おもな反意語

above	上に	below	下に	first	最初の	last	最後の
after	あと	before	前に	foolish	愚かな	clever	かしこい
ask	きく	answer	答える	forget	忘れる	remember	思い出す
big	大きい	little	小さい	glad	うれしい	sad	悲しい
busy	忙しい	free	ひまな	happy	幸福な	unhappy	不幸な
buy	買う	sell	売る	high	高い	low	低い
clean	きれいな	dirty	よごれた	large	大きい	small	小さい
cold	寒い	hot	あつい	long	長い	short	短い
cry	泣く	laugh	笑う	new	新しい	old	古い
dark	暗い	bright	明るい	poor	貧しい	rich	金持ちの
day	昼間	night	夜間	pull	引く	push	押す
dry	かわいた	wet	ぬれた	quiet	静かな	noisy	うるさい
early	早く	late	おそく	right	正しい	wrong	まちがった
easy	容易な	difficult	困難な	same	同じ	different	ちがう
far	遠い	near	近い	shut	とじる	open	あける
fast	速く	slowly	おそく	strong	強い	weak	弱い
find	見つける	lose	失う	tall	背の高い	short	背の低い
finish	終える	begin	始める	up	上へ	down	下へ

4. 男性―女性

gentleman	紳士	lady	淑女	man	男の人	woman	婦人
husband	夫	wife	妻	son	息子	daughter	娘
king	王	queen	女王	uncle	おじ	aunt	おば

5. 品詞の転換（接尾語との関係）

① 形容詞＋ness → 名詞：kindness（親切），happiness（幸福）
② 形容詞＋ly → 副詞：kindly（親切に），easily（たやすく）
③ 名詞＋y → 形容詞：rainy（雨の），cloudy（くもりの）
④ 名詞＋ful → 形容詞：useful（役立つ），wonderful（すてきな）
⑤ 動詞＋er → ～の人：teacher（先生），writer（作家）
　（注）　-ist, -ian, -or がついて，「人」になる場合もある。
　　　　artist（芸術家），　musician（音楽家），　visitor（訪問者）

第46日

実力養成テスト——単語の知識

1 次の(1)～(5)の名詞を形容するのにもっとも適当な語をア～エの中からそれぞれ1つ選び,その記号を○でかこみなさい。　　　　　　　　（各4点）

(1) cat　　　　　ア. wide　　イ. high　　ウ. big　　　エ. difficult
(2) doll　　　　ア. kind　　イ. easy　　ウ. careful　エ. pretty
(3) lake　　　　ア. fast　　イ. tall　　ウ. strong　　エ. deep
(4) table　　　ア. young　　イ. round　ウ. happy　　エ. glad
(5) dictionary　ア. useful　イ. quick　ウ. hot　　　エ. far

2 次の各組ア～ウの文のうち,下線の語の用法が他とちがうものを1つ選び,その記号を○でかこみなさい。　　　　　　　　　　　　　　　（各4点）

(1) ア. This is a <u>hard</u> question.　　イ. He worked <u>hard</u> every day.
　　ウ. It's <u>hard</u> for me to speak English.
(2) ア. I like <u>fall</u> best.　　イ. Don't <u>fall</u> down on the ice.
　　ウ. Be careful not to <u>fall</u>.
(3) ア. He can swim very <u>well</u>.　　イ. Does Tom speak French <u>well</u>?
　　ウ. I'm very <u>well</u>, thank you.
(4) ア. She is standing <u>still</u>.　　イ. Is she <u>still</u> sleeping?
　　ウ. Is she lying <u>still</u> on the sofa?

3 次の(1)～(6)の内容と同じ意味の語を下のア～ソのうちから1つずつ選び,その記号を（　）の中に入れなさい。　　　　　　　　　　　（各4点）

(1) a room for cooking　　　　　　　　　　　（　　）
(2) the part of the body we use to smell　（　　）
(3) an animal that flies　　　　　　　　　　（　　）
(4) come or go back　　　　　　　　　　　　　（　　）
(5) not slow　　　　　　　　　　　　　　　　（　　）
(6) a sister of your father or mother　　　（　　）

　ア. early　　イ. return　　ウ. aunt　　エ. fast　　オ. mouth
　カ. airplane　キ. bird　　ク. receive　ケ. cow　　コ. February
　サ. kitchen　シ. visit　　ス. nose　　セ. uncle　ソ. cousin

4 次の英文の意味がとおるように，下線を引いた単語と反対の意味をあらわす英語を（　）の中に書き入れなさい。　　　　　　　　　　　　　（各4点）
(1) We work during the day, and sleep during the (　　　).
(2) He always gets up (　　　), but got up late this morning.
(3) Will you sell me the car which you (　　　) last year?
(4) My uncle was poor when he was young, but now he is (　　　).
(5) Do you remember it? I'm sorry I've (　　　) it.

5 次の文を読んで，（　）内の単語を完成しなさい。（　）内の文字は書くべき単語の最初の文字です。　　　　　　　　　　　　　　　　　　　（各4点）
(1) Tom is eight years old. He will have (n　　　) birthday next month.
(2) The (o　　　) is a delicious fruit. It is also a name of a color.
(3) When you have an (u　　　) with you, you don't have to be afraid of rain.

6 次の各組3つの文には綴字の一部がかくされています。その部分の発音がちがうものを1つずつ選び，その記号を○でかこみなさい。　　　　　　（各4点）
(1) ア．He can run f□st. He is a good runner.
    イ．He couldn't spell the w□□d.
    ウ．Breakfast is the f□□st meal of the day.
(2) ア．Mr. Green has a d□□ghter whose name is Lucy.
    イ．My sister b□□ght a pretty doll yesterday.
    ウ．There was a small b□□t in the river.

得点	評価	基準	A…80点以上　B…79点〜55点　C…54点以下	合格圏	65点

第47日

熟語の知識

<入試までにこれだけはおぼえておこう>

1. 動詞＋前置詞

arrive at(in)	～につく	laugh at	～をあざ笑う
belong to	～に属する	listen to	～をきく
call on(at)	人(家)を訪れる	look for	～をさがす
get on	～に乗る	look like	～のように見える
get off	～をおりる	put on	着る(はく,かぶる)
get to	～につく	take off	ぬぐ
go by	過ぎ去る	think of	～のことを思う
go on	続ける	turn on (off)	つける(消す)
have to	ねばならぬ	wait for	～を待つ

2. be＋形容詞（分詞）＋前置詞

be able to	できる	be interested in	～に興味がある
be absent from	～を休む	be known to	～に知られている
be afraid of	～を恐れる	be late for	～におくれる
be different from	～と異なる	be made of	(材料)で作られる
be fond of	～を好む	be made from	(原料)で作られる
be full of	～で一杯だ	be pleased with	～が気にいる
be going to	～するつもり	be proud of	～を誇りに思う
be good at	～が得意だ	be surprised at	～に驚く

3. 動詞＋名詞＋前置詞

make up one's mind to	～することを決心する	take care of	～に気をつける
		take part in	～に参加する

4. 形容詞中心の熟語

a lot of	多数(多量)の	a glass of	(コップ)1ぱいの
plenty of	多数(多量)の	a pair of	1組の,1対の
a number of	いくつかの,多くの	a piece of	1片の,1枚の
a cup of	(茶わん)1ぱいの	a sheet of	1枚の

―― <入試までにこれだけはおぼえておこう> ――

5. 副詞中心の熟語

each other	たがいに	not～at all	少しも～でない
enough to	～するのに十分な	one another	たがいに
How about～?	～はどうですか	one after another	次々に
no longer	もはや～でない	over there	むこうに
not always	必ずしも～でない	some day	いつか
not～all	全部が～ではない	the other day	先日

6. 前置詞中心の熟語

after a while	しばらくして	in front of	～の前に
after all	結局	in order to	～するために
at last	ついに	in those days	そのころは
at once	すぐに	in time for	～に間に合って
before long	まもなく	on foot	歩いて
by mistake	まちがって	on one's way to	～へ行く途中
by oneself	自分ひとりで	on one's way home	家へ帰る途中
by the way	ところで	out of	～から(外へ)
for the first time	初めて	with a smile	にっこりして

7. 接続詞中心の熟語

as～as	同じくらい～	both～and～	～も～も両方
as～as～can	できるだけ～	either～or～	～か～かどちらか
as～as possible	できるだけ～	so～that～	とても～なので
as soon as	～するとすぐに	too～to～	あまり～で～できない

8. 書きかえにそなえて

　a lot of=*many* (*much*),　arrive in (at),　get to=*reach*,　be able to=*can* (*could*),　be fond of=*like*,　be going to=*will*,　before long=*soon*,　by oneself=*alone*,　call on (at)=*visit*,　have～on=*wear*,　have to=*must*,　in front of=*before*,　make up one's mind=*decide*,　plenty of=*many* (*much*),　put on=*wear*,　so～that～=～*enough to*～
　so～that～can't (couldn't)～=*too*～*to*～

第48日

実力養成テスト——熟語の知識

1 次の各文の下線部とほぼ同じ意味の英語を下のア〜ケの中から選び，その記号を（　）の中に書き入れなさい。　　　　　　　　　　　　　　　　（各4点）
(1) I'll <u>call on</u> my uncle tomorrow.　　　（　）
(2) He'll <u>get to</u> London this evening.　　　（　）
(3) She is going to <u>put on</u> her dress.　　　（　）
(4) Let's <u>get on</u> the bus at once.　　　（　）
(5) Tom will <u>make up his mind</u> to do so.　　　（　）

　ア．invite　　イ．decide　　ウ．stop　　エ．reach　　オ．take
　カ．won't　　キ．visit　　ク．leave　　ケ．wear

2 次の(1)〜(5)の文の空所に下から適当な語を2つずつおぎなって，正しい文を完成しなさい。（　）内にはその語の記号を入れればよい。　　（各文4点）
(1) May I use your dictionary? Yes, (　)(　) you may.
(2) How do you come to school? We come to school (　)(　).
(3) You'll soon be (　)(　) speak English well.
(4) Bill took the book (　)(　) his bag.
(5) They gave presents to (　)(　).

　ア．to　　　イ．by　　　ウ．of　　　エ．one　　　オ．out
　カ．another　キ．course　ク．able　　ケ．bus　　　コ．have
（注）同じ語を2度まで使ってもよい。

3 次の各文の空所に2語ずつ英語を入れ，日本文と同じ意味の英文を完成しなさい。　　　　　　　　　　　　　　　　　　　　　　　　　　　　（各文4点）
(1) Don't be ＿＿＿＿＿＿ the dog.
　　その犬をおそれてはいけません。
(2) Roy was ＿＿＿＿＿＿ school this morning.
　　ロイはけさ学校におくれました。
(3) She is very ＿＿＿＿＿＿ her son.
　　彼女は息子をとても誇りに思っています。
(4) May has been ＿＿＿＿＿＿ school for a week.
　　メイは1週間ずっと学校を休んでいます。

4 上下の文が同じ内容になるよう，下の文の空所に適する語を1つずつ書き入れなさい。　　　　　　　　　　　　　　　　　　　　　（各4点）

(1) {He has a lot of money.
　　He has _____ money.

(2) {I will visit my teacher.
　　I'm _____ to visit my teacher.

(3) {My brother is very fond of music.
　　My brother _____ music very much.

(4) {Alice went, and I went, too.
　　_____ Alice and I went.

(5) {Ned is not old enough to drink coffee.
　　Ned is too _____ to drink coffee.

(6) {There is a book-store in front of our school.
　　There is a book-store _____ our school.

5 各組ア，イの2文が同じ意味になるよう，（　）内に適当な語を1つずつ書き入れなさい。　　　　　　　　　　　　　　　　　　（各空所4点）

(1) {ア. He is a member of the orchestra and (　　　) the violin very well.
　　イ. He (　　　) to the orchestra, and is very (　　　) at playing the violin.

(2) {ア. The story is (　　　) short that we can read it in an hour.
　　イ. The story is short (　　　) for us to read in an hour.

第49日

英作文

―――＜入試までにこれだけはおぼえておこう＞―――

1. it を使う文に慣れておくこと。

昨夜は雨がふりました。	It rained last night.
きょうは何曜日（何月何日）ですか。	What day of the week (month) is it today?
けさは寒いですね。	It's cold this morning, isn't it?
ここから公園までの距離は？	How far is it from here to the park?
早起きは健康によい。	It is good for the health to get up early.

2. 形容する語句が名詞のうしろにまわる場合に注意すること。

私は白いものをそこに見た。	I saw something white there.
なにか食べものを私にください。	Give me something to eat.
そこで眠っている犬を見なさい。	Look at the dog sleeping there.
そこに立っている少年はトムです。	The boy standing there is Tom.
これは日本製の時計です。	This is a watch made in Japan.
私がきのう買った本はおもしろかった。	The book (which) I bought yesterday was interesting.
手紙を書いている少女はジェインです。	The girl who is writing a letter is Jane.

3. 主語＋動詞＋目的語＋目的語，主語＋動詞＋目的語＋補語，主語＋動詞＋目的語＋不定詞 の構文を理解しておくこと。

私は彼にその本をあげよう。	I'll give him the book.
彼は私にアルバムを見せてくれた。	He showed me his album.
彼女は娘を看護婦にしました。	She made her daughter a nurse.
彼は息子にトムと名をつけた。	He named his son Tom.
私はきみに行ってもらいたい。	I want you to go.
彼女は私に働けと言った。	She told me to work.
彼は私に走るなと言った。	He told me not to run.
私は彼女に買物をたのんだ。	I asked her to go shopping.

― <入試までにこれだけはおぼえておこう> ―

4. 感嘆文や間接疑問文の語順に気をつけること。

あれはなんと長い橋でしょう。	What a long bridge that is!
あの橋はなんと長いのでしょう。	How long that bridge is!
私は彼がだれだか知らない。	I don't know who he is.
彼がどこへ行ったか知ってる？	Do you know where he went?

5. 日本語にこだわるとまちがう文をまとめておくこと。

英国へ行ったことある？	Have you ever been to England?
ヨーロッパへ行ったことがない。	I've never been to Europe.
どこへ行ってきたところなの？	Where have you been?
駅へ行ってきたところです。	I've just been to the station.

6. 依頼，提案，確認の表現をマスターしておくこと。

ナイフをかしてくれませんか。	Will you lend me your knife?
きみの手伝いをしましょうか。	Shall I help you?
野球をしましょうね。	Let's play baseball, shall we?
へやをそうじしてくださいね。	Clean the room, will you?

7.

何をさがしているの？	What are you looking for?
彼らには住む家がない。	*They have no house to live in.
遊び友だちがいますか。	*Do you have any friends to play with?

8. 英語特有のいいまわしを身につけておくこと。

きみ，どうしたの？	What's the matter with you?
かぜをひいてしまいました。	I have caught cold.
彼は年をとっていて働けない。	He is too old to work.
野球をしたら？	How about playing baseball?
バスに乗ったほうがよい。	You had better take a bus.
どうしたらよいかだれも知らない。	No one knows what to do.
音楽に興味がありますか。	Are you interested in music?
母は料理がじょうずです。	Mother is good at cooking.
彼らは必ずしも強くない。	They are not always strong.

第50日

実力養成テスト――英作文

1　次の語を並べかえて，日本文と同じ意味の英文にする順序を（　）内に記号で示しなさい。　　　　　　　　　　　　　　　　　　　　　　　（各4点）

(1) ア. him　イ. doctor　ウ. make　エ. a　オ. we'll
　　私たちは彼を医者にするつもりです。　　（　）（　）（　）（　）（　）

(2) ア. was　イ. know　ウ. born　エ. don't　オ. where　カ. I　キ. he
　　私は彼がどこで生まれたか知らない。　（　）（　）（　）（　）（　）（　）（　）

(3) ア. books　イ. you　ウ. read　エ. I　オ. to　カ. want　キ. good
　　私はあなたによい本を読んでもらいたい。（　）（　）（　）（　）（　）（　）（　）

(4) ア. is　イ. you　ウ. do　エ. for　オ. that　カ. easy　キ. it　ク. to
　　きみがそうすることはやさしい。　（　）（　）（　）（　）（　）（　）（　）（　）

(5) ア. Fuji　イ. with　ウ. mountain　エ. snow　オ. the　カ. Mt.　キ. is　ク. covered
　　雪でおおわれた山は富士山です。　（　）（　）（　）（　）（　）（　）（　）（　）

(6) ア. driving　イ. my　ウ. man　エ. a　オ. is　カ. car　キ. brother　ク. the
　　車を運転している人は私の兄です。　（　）（　）（　）（　）（　）（　）（　）（　）

2　次の各文の（　）内の語を並べかえて，正しい英文にしなさい。　（各4点）

(1) How (your, pretty, little, is, sister)!
　　How _____

(2) Please (something, me, to, give, eat).
　　Please _____

(3) Who is (singing, there, girl, over, the)?
　　Who is _____

(4) I have (interesting, read, book, an, never, such).
　　I have _____

*(5) There are (whose, don't, several, names, know, trees, I).
　　There are _____

(6) I (who, know, letter, don't, wrote, this).
　　I _____

(7) Lucy (beautiful, me, gave, doll, to, a).
　　Lucy _____

3 次の(1), (2)の日本文を（ ）内の語句を使って正しい英文に書きなおしなさい。ただし（ ）内には不要な語が1つずつあります。　（各4点）
(1) あなたは彼がどこに住んでいるか知っていますか。
　　(he, you, lives, do, does, where, know)
　　_____

(2) あなたのお父さんはアメリカへ行かれるのですね。
　　(going, he, to, America, is, doesn't, isn't, your father)
　　_____

4 次の日本文（日記文）を参考にしながら，(1)～(5)の空所に適当な語句を書き入れなさい。　（各4点）
　いつもより早く起きる。トムといっしょに魚釣りに行く。途中で先生にあう。私たちに気をつけるようにと言われる。6時ごろ帰宅。入浴をしてすぐに就寝。
　I got up (1) _____ usual. I (2) _____ with Tom. We met our teacher (3) _____. He (4) _____ to be careful. We returned home about six. I went to bed (5) _____ I took a bath.

5 次のことを英語であらわしなさい。　（各4点）
(1) 私は四季の中で春が一番好きです。
　　_____

(2) 雨がふっていたので，彼は来ませんでした。
　　_____

(3) 夕食後音楽をきいたらどうでしょうか。
　　_____

(4) なにかあつい飲みものを私にください。
　　_____

(5) あなたはできるだけゆっくり歩いたほうがよい。
　　_____

第51日

長文総合問題 (1)

次の文を読んで，下の各問いに答えなさい。

A young American girl came ⑦(　) our school last summer. When our English teacher finished introducing her to us, we asked her a lot of questions about Japanese food.

"Can you eat *sashimi*?" "Do you like *sushi*?" "Have you ever ①(　) *sukiyaki*?"

She answerd 'Yes' to all our questions. We were surprised!

Then she said, "②(　) do you ask me such strange questions? You think we can't eat Japanese food. You think that we always eat bread. Some people do, but some don't."

Our teacher said, "Your way of thinking is 'stereotyped'."

I didn't know such a difficult word, ③(　) I could understand its meaning by our teacher's explanation.

When we see an American who is eating bread and steak on TV, we think that all Americans eat the same food. We get this kind ④(　) stereotyped idea by watching TV, reading books, and so on. When we learn that our way of thinking is not right, we [change, must, to, try] it.

When the American student left Japan, she said, "I have enjoyed ④(　) at your school for six months. Thank you."

We learned many things about America and its people from her.

I want to go to America and see that country with my ⑦(　) eyes.

　(注) introducing＜introduce 紹介する, stereotyped 型にはまった, meaning 意味, explanation 説明, on TV テレビで, steak ステーキ (肉などの切り身を焼いた食べ物), ～, and so on ～など

(問1) ⑦～⑦の (　) 内に，どんな語を入れたらよいか。最も適当なものを，それぞれ1語ずつ書きなさい。　　　　　　　　　　　(各5点)
　⑦(　　　)　①(　　　)　⑦(　　　)
(問2) ①～④の (　) 内に，どんな語を入れたらよいか。最も適当なものを，

次の語群から，それぞれ1語ずつ選んで，その語を○でかこみなさい。(各5点)
① (eat, ate, eaten) ② (How, What, Why)
③ (and, but, so) ④ (study, studied, studying)

(問3) 〔 〕内の語を，前後の意味がとおるように，並べかえて書きなさい。
_____ (5点)

(問4) ___線部に "Your way of thinking is 'stereotyped'." とあるが，本文の内容から考えて，どのようなことをさしているか。次のア～オのうちから，2つ選んで，その記号を○でかこみなさい。　(各5点)
ア．We think that Americans can't eat Japanese food.
イ．We think some Americans don't eat bread.
ウ．We see an American who is eating bread and steak on TV.
エ．We think that all Americans eat bread and steak.
オ．We learn that our way of thinking is not right.

(問5) 次の文が，本文の内容を要約したものとなるように，①～⑤の(　)内に，それぞれ1語ずつ，本文から抜き出して書き入れなさい。　(各5点)
　An American girl ①(　) to study at school in Japan. The Japanese students asked her many stereotyped ②(　). At first they thought that ③(　) people could not eat Japanese food. But they learned that it was important to ④(　) their way of thinking when it was not right. They also learned a ⑤(　) about America and its people.

(問6) 次のア～カの語のうち，後ろの部分を，より強く発音する語はどれか。3つ選んで，その記号を○でかこみなさい。　(各5点)
ア．an・swer(answer)　　イ．en・joy(enjoy)　　ウ．Ja・pan(Japan)
エ．ques・tion(question)　オ．sum・mer(summer)　カ．sur・prise(surprise)

(問7) 次のア～カの組のうち，2語の下線部の発音が異なる組はどれか。2つ選んで，その記号を○でかこみなさい。　(各5点)

ア．{bread / teacher}　　イ．{change / strange}　　ウ．{country / young}

エ．{food / school}　　オ．{books / eyes}　　カ．{thank / think}

| 得点 | 評価 | 基準 | A…80点以上　B…79点～55点　C…54点以下 | 合格圏 | 65点 |

第52日

長文総合問題 (2)

次の文を読んで下の各問いに答えなさい。

A ※1grasshopper lived in a field. Many ants lived in the same field. The ants liked working. In summer they worked in the field all day. They collected a lot of ※2wheat. They carried the wheat to their house under the ground. A)They wanted to have a lot of food for winter. They worked hard. How wise they were!

But the grasshopper did not work hard. He played the violin and sang all day. He laughed at the ants. He said to them, "How foolish you are! Why do you work hard all day? Why don't you sing and play? B)Why don't you enjoy yourselves? I like to sing and play."

Then winter came. It was very cold. The ants could not work in the field and so they stayed at home. C)They had much wheat in their house under the ground. They ate wheat and sang all day. They slept all night. What happy ants they were!

But the lazy grasshopper was very sad. He was very hungry, but there was no food in his house. There was no wheat in the field. And so he went to the house of the ants. He said to the ants, "How hungry I am! Please give [ア] food to me."

But the ants said, "Why don't you have [イ] food? There was a lot of wheat in the field in ④7月, ⑤8月, and ⑥9月. Why didn't you collect [ウ] wheat in summer and autumn?"

D)The grasshopper answered, "In summer and autumn I sang all day and all night."

Then the ants said, "What a lazy grasshopper you were! We don't give [エ] food to lazy people. Good-by." And they began to sing their song: E)"We ants never borrow. We ants never lend."

(註) ※1 grasshopper キリギリス ※2 wheat 小麦

(問1) 下線部，A)，B)，C)，D)，E)を和訳しなさい。　　　(各5点)
A) _____

B) _____
C) _____
D) _____
E) _____

（問2） 〜〜〜の文の意味と逆の英文を本文中から1つえらんで書きなさい。（5点）

_____

（問3） 二重下線のところを受動態にしなさい。　　　　　　　　（5点）

_____

（問4） 下線部，④, ㊀, ㊅の日本語を英語にしなさい。　　　　　（各5点）

④ _____　　㊀ _____　　㊅ _____

（問5） 〔ア〕〜〔エ〕の中に some か any のうち正しい方を入れなさい。
　　　　　　　　　　　　　　　　　　　　　　　　　　　　（各5点）

〔ア〕_____　　〔イ〕_____　　〔ウ〕_____
〔エ〕_____

（問6） この物語は，教訓的なたとえ話ですが，次のどれに一番ふさわしいですか。記号を〇でかこみなさい。　　　　　　　　　　　　　（5点）

　a．一寸の虫にも五分の魂　　b．棚からぼたもち　　c．急がばまわれ
　d．楽あれば苦あり　　　　e．おのれの欲するところを人にほどこせ

（問7） 本文の内容とあっているものを次の文から5個えらんでその番号を〇でかこみなさい。　　　　　　　　　　　　　　　　　　　　　　（各5点）

1. A grasshopper and many ants lived in the same field.
2. In summer a grasshopper and the ants worked in the same field.
3. The ants worked all day even in winter.
4. The grasshopper liked to sing and play the violin in summer.
5. The grasshopper asked the ants why they worked hard all day.
6. The ants collected a lot of wheat in summer and autumn.
7. The grasshopper visited the house of the ants to ask for food.
8. At last the ants gave the grasshopper a little wheat and said, "Don't be lazy. Work hard."
9. The grasshopper thanked the ants for their kindness.
10. The grasshopper felt very sad and said to himself, "I will work hard."

得点	評価	基準	A…80点以上　B…79点〜55点　C…54点以下	合格圏	65点

第53日

長文総合問題 (3)

次の文を読んで，下の各問いに答えなさい。

Tom looked around in the forest. He thought no one was looking at him. Then he began to dig up a tree ①with many big red flowers. ②He worked as hard as he could. And he could take out the tree. He looked at the tree and smiled. "〔ア. this イ. is ウ. beautiful エ. tree オ. how〕!" he said. "Yes, isn't it?" said someone behind him. Tom was quite ☐. He turned around and found a tall man just behind him. The man was the policeman of the forest. ③Tom was so afraid that he could not move. What would the man do to him? The man only told Tom in a quiet voice to plant back the tree at another place a little way off. ④It was not easy to dig. But Tom had to dig and dig.

At last he could plant back the tree. The man looked at Tom with a smile and said in his quiet voice, "You know this is a National Park, (⑦) you? Everything here belongs (④) all of us. Many people come from far away ⑤to see this forest. They would like to see this beautiful tree. If you take this tree to your garden, ⑥it may please you. But if it is here, it will please a great many people."

Tom was really sorry to try to take it home.

(問1) 本文中の☐に適する語を1つ選び，その記号を○でかこみなさい。
　　ア. surprise　　イ. surprising　　ウ. surprised　　　　　(5点)

(問2) 本文中の⑦，④の( )内に入れる語を書きなさい。　　(各5点)

(問3) 本文中の〔 〕内の語を並べかえて，その順序を記号で示しなさい。
　　( )→( )→( )→( )→( )　　　　　　　　　　(5点)

(問4) 下線①，⑤の部分と同じ使い方のものを次から1つずつ選び，その記号を○でかこみなさい。　　　　　　　　　　　　　　　(各5点)

① ア. I went with Tom.　　　　イ. We cut meat with a knife.
　 ウ. He stood with a smile.　　エ. I met a girl with long hair.

⑤ ア. She had no time to play.　　イ. The baby began to cry.
　 ウ. I'm sorry to do it.　　　　エ. They went London to study English.

(問5) 下線②, ④, ⑥の文の意味を書きなさい。　　　　　　　　(各5点)
② _____
④ _____
⑥ _____

(問6) 下線③の文を意味をかえずに書きかえるには, 次の文の空所にどんな語を入れますか。1語ずつ書き入れなさい。　　　　　　　　　　　　(5点)
　　　Tom was _____ afraid _____ move.

(問7) 本文の内容と一致する文を4つ選び, その記号を○でかこみなさい。
　ア. Tom looked around in the forest to find a little bird.　　(各5点)
　イ. Tom was afraid that someone was looking at him.
　ウ. When Tom looked around before digging, he found a tall man.
　エ. The man who spoke to Tom was the policeman of the forest.
　オ. After hard work the man and Tom could take out the tree.
　カ. Tom did his best to plant back the tree.
　キ. The man said that everything in the forest was his.
　ク. People visit a National Park to enjoy beautiful things there.
　ケ. Tom said that the tree was very beautiful.

(問8) 次の8つの単語のうち, アクセントの位置がうしろにあるものを2つ選んで, その記号を○でかこみなさい。　　　　　　　　　　　　　　(各5点)
　ア. someone　イ. people　ウ. surprise　エ. sorry　オ. forest
　カ. really　キ. garden　ク. behind

(問9) 次の7組の単語のうち, 上下の下線部の発音が同じものを2組選び, その記号を○でかこみなさい。　　　　　　　　　　　　　　　　(各5点)
　ア. {afraid / said}　イ. {easy / great}　ウ. {around / found}　エ. {quite / quiet}　オ. {would / thought}
　カ. {turn / work}　キ. {home / move}

(問10) 次の各語と反対の意味の英語を書きなさい。　　　　　　　(各5点)
　(1) far _____　(2) quiet _____

長文総合問題 (4)

次の文を読んで，下の各問いに答えなさい。

One morning Ted and June went to the park and found 〔ア. ground イ. the ウ. small エ. on オ. something〕.

"It's a bird," said June, "but it can't fly." "Perhaps ⓐ☐ wing is broken," Ted said. "I'm going to take it home," June decided. "Yes," said Ted. "It can't fly to the south."

June carried the bird carefully in her hand. As soon (㋐) they came home, the children ①took the bird to their parents. "Yes, we'll keep it," Father said and went out to ⓑ☐ a cage. ②The children named the bird Chirp.

In a few weeks Chirp got a little better, but ③he was not strong enough to fly to the south. "You want to go to the south, (㋑) you, Chirp?" Ted asked.

And then suddenly Ted thought (㋒) a way ④to help him. When June heard about it, she was as excited as her brother. After school the next day Ted and June hurried to the airport with a box. Chirp was in the box. They went ⓒ☐ the office. After a short time they came out with Miss White, the stewardess. She was carrying the box. She said (㋓) a smile, "This bird ⓓ☐ free when I reach Texas." Soon the airplane began ⑤to rise into the air. The children cried, "Good-by, Chirp!"

Chirp was flying to the south (㋔) last.

(問1) 1～2行目の〔 〕内の語を正しく並べ，その語順を記号で示しなさい。
( )→( )→( )→( )→( )　　　　　　(5点)

(問2) 本文中のⓐ～ⓓの☐の中にあてはまる語(句)を次から選び，その記号を○でかこみなさい。　　　　　　(各5点)

ⓐ　ア. it's　　　イ. its　　　ウ. that's　　　エ. it
ⓑ　ア. made　　イ. sell　　　ウ. buy　　　　エ. bought
ⓒ　ア. of　　　イ. from　　　ウ. at　　　　　エ. into
ⓓ　ア. will be　イ. will　　　ウ. was　　　　エ. be

(問3) 本文中の⑦～⑦の ( ) 内に入れる語を書きなさい。　(各5点)
⑦ (　　) ⑦ (　　) ⑦ (　　) ⑦ (　　) ⑦ (　　)
(問4) 下線部①と同じ用法の **took** を選び，記号を〇でかこみなさい。 (5点)
ア. He took a bus in front of the school.
イ. It took three hours to do the work.
ウ. I took my dog out to the park.
エ. She took a lot of pictures of the mountains.
(問5) 下線②の文を受動態に書き改めなさい。 (5点)
　_____
(問6) 下線③の文を内容をかえずに書きかえるには，次の文の空所にどんな語を入れますか。1語ずつ書きなさい。 (5点)
He wasn't so strong _____ he _____ fly to the south.
(問7) 下線④，⑤の不定詞と同じ用法のものをそれぞれ次の文から選び，その記号を下の答えらんに入れなさい。 (各5点)
ア. I am glad to see you again.
イ. He got up early to take care of the cows.
ウ. I want to go to foreign countries.
エ. We have no time to play tennis.
　　　④と (　　), ⑤と (　　)
(問8) 次の文を途中1か所区切って読むとすればどこですか。区切る場所の記号を〇でかこみなさい。 (5点)
After school ア the next day イ Ted ウ and June エ hurried オ to the airport.
(問9) 次の (1), (2) の下線部と同じ発音をふくむ語を右の ( ) 内から1つずつ選び，その記号を〇でかこみなさい。 (各5点)
(1) south (ア. brought イ. broken ウ. found エ. would オ. enough)
(2) heard (ア. bird イ. park ウ. hear エ. air オ. near)
(問10) 次の各列5つの語の中に他の4つとアクセントの位置のちがうものをそれぞれ選んで，その記号を〇でかこみなさい。 (各5点)
(1) ア. decide イ. carry ウ. something エ. morning オ. better
(2) ア. perhaps イ. enough ウ. began エ. office オ. excite

第55日

長文総合問題 (5)

次の文を読んで，下の各問いに答えなさい。

Many years ago, a tiger was (1)____ in a cage which was too strong for him. He tried hard to get out of it, but he couldn't.

Then an old man came by. The tiger shouted, "Open the door of this cage."

"Oh, no, my friend," said the man. "I can't open the door. If I do so, (2)you'll eat me."

"No, I won't!" (3)cried the tiger. "Please open the cage! (4)I'll thank you very much."

The tiger began to cry. The man thought for some time and then he opend the door of the cage. When the door was opened, the tiger jumped out of the cage. "You are foolish," said the tiger. "(5)I have been in that cage for a long time, and I am very hungry. I'll eat you."

(6)The man was very surprised. So he could not speak. He only said, "That is the wrong thing to do."

Just then a dog came. (7)その老人はいっさいのことをその犬に話しました．

"Well, you were in the cage and the tiger came?" asked the dog.

"No! (8)You are very foolish. (9)I was in the cage," cried the tiger in an angry voice.

"Mr. Tiger, how did you get into the cage?" said the dog.

"How did I get into the cage?" cried the tiger. "There is only one way."

"Mr. Tiger, (10)[cage, get, is, into, only, the, the, to, way, what]?" The tiger jumped into the cage. "This is the way!"

"Oh, yes, now I understund," said the dog and shut the door quickly. In this way the good old man was saved.

(問1) 下線部(1)に "catch" の適切な形を書きなさい。_____ （5点）
(問2) 下線部(2)と同じ内容になるように（ ）内に当当な1語を書きなさい。
I will （ ） （ ） （ ） you. （5点）
(問3) 下線部(3)と同じ意味の語を上の本文の中からさがして，原形で書きなさい。_____ （5点）
(問4) 下線部(4)に意味の上で続く表現を下から1つ選び，その記号を○でかこみ

なさい。　　　　　　　　　　　　　　　　　　　　　　　　（5点）
　　a. though the cage is too strong for me
　　b. if you open the cage
　　c. and I'll get into the cage as quickly as I can
　　d. but I'll try hard to get out of the cage

（問5）　下線部(5)を日本語に訳しなさい。　　　　　　　　　　　（5点）

（問6）　下線部(6)の2つの文を下のように1つの文に書きかえた時，（　）内に
　　　入る適当な語を書きなさい。　　　　　　　　　　　　　　（5点）
　　　The man was (　) surprised (　) speak.

（問7）　下線部(7)を英語に訳しなさい。　　　　　　　　　　　　（5点）

（問8）　下線部(8)を感嘆文に書きかえなさい。　　　　　　　　　（5点）

（問9）　下線部(9)の文でもっとも強く読まれる語はどれですか。その語の下にある
　　　記号を○でかこみなさい。　　　　　　　　　　　　　　　（5点）
　　　　I　was　in　the　cage
　　　　ā　　b̄　　c̄　　d̄　　ē

（問10）　文中(10)の [　　] 内の語を文意が通るようにならべかえなさい。（5点）

（問11）　CとDとの関係がAとBとの関係と同じになるようにDの（　）内に入
　　　る適当な語を書きなさい。　　　　　　　　　　　　　　（各5点）
　　　　A　　　　　　B　　　　　　C　　　　　　D
　　① right　　　　wrong　　　　strong　　　（　　）
　　② speak　　　　speech　　　　live　　　　（　　）
　　③ angry　　　　anger　　　　hungry　　　（　　）
　　④ save　　　　saved　　　　teach　　　　（　　）
　　⑤ by　　　　　buy　　　　　too　　　　　（　　）

（問12）　本文と同じ内容になるように，下の英文の（　）内に入る適語を書きな
　　　さい。　　　　　　　　　　　　　　　　　　　　　　　（各5点）
　　　The cage a tiger was in was so (a　) that he could not get out of
　　it. He asked an old (b　) to open the cage. When the old man
　　opened it, the tiger said that he (c　) eat the man. A dog came and
　　heard the story. The dog asked the tiger to show him how to get into
　　the cage. So the (d　) went into the cage. The dog closed the door
　　at (e　) and saved the old man.

第56日

長文総合問題 (6)

次の英文を読んで,下の問いに答えなさい。

Bookstores in Japan cover the books we buy with pretty pieces of paper. And department stores cover the things we buy with fine paper and often put them in beautiful paper bags. I am sometimes surprised when I see small things like pens and notebooks in a nice bag. One part of me says, "Is it good to get such a nice bag?" But another part of me says, "You may keep the bag."

There are many pieces of paper around us. We use much paper in our everyday life without thinking a lot. A few days ago I watched TV and learned that Japan bought a lot of wood from Costa Rica. What happens to all the wood? Perhaps much of it is made into paper. If Japan buys so much wood from other countries to make paper, we Japanese must think a lot about it. Using so much paper means killing many trees. Killing trees means losing birds and animals. This means that we will soon lose the balance of nature. If we lose the balance, our beautiful green earth will die and we will not be able to live any longer. Now nature is dying in many parts of the world. It is very important for us to know what we should do to <u>save</u> our nature.

I traveled around Europe last year. The things I bought there were not covered with such fine paper as in Japan. People in Europe did not use so much paper. This trip taught me an important thing. A good thing is good, with or without beautiful paper.

(注) cover 包む　be surprised 驚く　wood 木材　Costa Rica コスタリカ(国名)　perhaps たぶん　balance つり合い　nature 自然

(問1) 本文1行目の次の文を読むとき,2か所区切るとしたらどこがよいか,その番号を〇でかこみなさい。　(各区切り5点)

Bookstores in Japan cover the books we buy with pretty pieces of paper.
　　　　　　　1　　　　2　　　　3　　　　　　4　　　5　　　　　　　　6

(問2) 下線部 save の意味のうち本文にあてはまる最も適切なものを1つ選び,その番号を〇でかこみなさい。　(5点)
〔1. 救う　　2. たくわえる　　3. 省く〕

（問3） 本文の内容について，次の各空所に最も適切な1語を，本文から選んで書きなさい。　　　　　　　　　　　　　　　　　（各空所5点）
① The writer thinks it is not ア(　　) to get a nice イ(　　) bag for small things like pens and notebooks.
② If we ウ(　　) much paper every day, we need a lot of エ(　　) to make paper.
③ When many trees are cut down, オ(　　) and カ(　　) will lose their places to live in.
④ キ(　　) the balance of nature means that we will not be able to have our life on this beautiful ク(　　).

（問4） 本文の内容について，次の問いに対する答えを英語で書きなさい。
　　　　　　　　　　　　　　　　　　　　　　　　　　　　（各5点）
① Do department stores in Japan often put the things we buy in beautiful paper bags?

② What did the writer learn from his trip around Europe?

（問5） 本文で筆者が言おうとしたことは，次のどれか。最も適切なものを1つ選び，その番号を○でかこみなさい。　　　　　　　（5点）
1. We should buy much wood from foreign countries to have a better life.
2. We should not use so much paper if we want to keep our nature.
3. We should feel happy to use a lot of paper in our everyday life.
4. We should not lose our love of nature when we travel around Europe.

（問6） 次の10組の単語のうち，上下の下線部の発音がちがうものを4組選び，それらの記号を○でかこみなさい。　　　　　　　　（各5点）

ア.{paper / made}　イ.{other / cover}　ウ.{says / days}　エ.{soon / wood}　オ.{much / such}
カ.{things / stores}　キ.{long / lose}　ク.{keep / piece}　ケ.{bought / should}　コ.{earth / learn}

（問7） 次の8つの単語のうち，うしろの部分にアクセントのないものを2つ選び，記号を○でかこみなさい。　　　　　　　　　　　（各5点）
ア. Europe　イ. Japan　ウ. ago　エ. without　オ. surprise
カ. happen　キ. perhaps　ク. around

| 得点 | 評価 | 基準 | A…80点以上　B…79点〜55点　C…54点以下 | 合格圏 | 65点 |

長文総合問題 (7)

次の文を読んで，以下の問いに答えなさい。

I come from Australia and have been in Japan for several years. I would like to write about some interesting things about Japanese culture.

In Japan, various kinds of things are delivered to each home every day, such as newspapers, milk, rice, beer, and even some wonderful meals ⓐ(calling, called, to call) "demae". Many foreign visitors to Japan happily find that toothbrushes, razors and so on are supplied without any charge in their hotel rooms. Most of (ア)them go back to their countries with their bags full of toothbrushes and razors. We foreigners think at first that Japanese life is wonderful because everything is so ①convenient――we can live very comfortably without any trouble.

（注）supply ～を備える

Another convenience is the vending machine. Almost everything can be bought through a vending machine――not only soft drinks, cigarettes ⓑ(and, or, but) also beer, whisky, magazines, hamburgers and even flowers. You can have your passport photographs taken without any help from photographers. Japanese drivers take their "shining" cars to gas stations to have them ⓒ(wash, washed, washing), not by hand but by machines. When a Japanese driver has something wrong with his car, he takes his car to car-repairers at once instead of finding out what the trouble is and trying to repair (イ)it by himself. Then, (1)he just ask them to repair the car without knowing what is wrong with it. As you can see, the Japanese think convenience to be very important. Japanese people can be said to be good at making things convenient. But there is some danger behind their convenient life-styles. Almost everything can be delivered, but having something delivered makes a thing more expensive. Toothbrushes in hotel rooms are a part of the room's cost. Even if a hotel guest brings his own toothbrush, he must also pay for the one in the hotel room. There is an old Japanese saying, "(A)". 24 hour-vending machines can be dangerous, because children can buy things like beer and bad magazines through these machines. Car-wash machines waste a lot of water and electricity. Japanese drivers do not know well how their cars work and how ⑼they should be taken care ⓓ(of, to, by), because they are too ②dependent on professional repairers.

It seems that Japanese don't mind ⓔ(spend, spent, spending) a lot of money on "convenience" and they like to be dependent on others. In our Western culture, (2)we try at first to do anything that we can to take care of ourselves with as little money as possible. "Being independent" is one of the most important things in our culture. I would like Japanese people to think about whether there is too much convenience in their lives or not.

（問1）文中に出てくる ①convenient と ②dependent という言葉はどのような意味で使われているか。1～5より選び，（　）内にその番号を入れなさい。　　　　　　　　　　　　　　　　　　　　　　　　（各5点）
1．便利である　　　2．頼っている　　　3．危険である
4．よく知っている　5．費用がかかる　　①（　）　②（　）

（問2）本文中の ⓐ～ⓔの各（　）内にある3つの語の中から正しいものを1つずつ選び，その語（句）を○でかこみなさい。　　　　　　（各5点）

（問3）下線部(ア)(イ)(ウ)は何のことか。英語で簡潔に書きなさい。（各5点）
(ア)＿＿＿＿＿＿　(イ)＿＿＿＿＿＿　(ウ)＿＿＿＿＿＿

（問4）下線部(1)(2)を和訳しなさい。　　　　　　　　　　　（各5点）
(1)＿＿＿＿＿＿＿＿＿＿＿＿＿＿＿＿＿＿＿＿＿＿＿＿＿＿＿＿＿
(2)＿＿＿＿＿＿＿＿＿＿＿＿＿＿＿＿＿＿＿＿＿＿＿＿＿＿＿＿＿

（問5）（　A　）にもっとも近い日本語のことわざを，下の1～5より選び，その番号を○でかこみなさい。　　　　　　　　　　　　　　　　（5点）
1．とらぬタヌキの皮算用　　2．二兎を追うもの一兎も得ず
3．花よりだんご　　　　　　4．安物買いの銭失い
5．過ぎたるは及ばざるがごとし

（問6）この文のタイトルとしてもっとも適当なものを1つ選び，番号を○でかこみなさい。　　　　　　　　　　　　　　　　　　　　　　（5点）

1. How Convenient The Japanese Life-Style Is!
2. Very Convenient! But Is That Always Best?
3. The Convenient Life-Style And Western Culture
4. Vending Machines And The Japanese
5. What Is The Difference Between Japan and Australia?

(問7) 本文の内容と一致するものを3つ選び，番号を○でかこみなさい。

(各5点)

1. Japanese hotels show much kindness only to foreign visitors because they supply free toothbrushes and razors for the visitors.
2. Japanese drivers know so much about their cars that they are able to look after their cars well.
3. Vending machines are convenient but they are not always good and safe for the society.
4. Western drivers usually keep their cars cleaner than Japanese drivers.
5. Japanese usually like paying for convenience better than doing any work for themselves.
6. Japanese try to be more independent of others than Westerners do.
7. It is said that Japanese are good at saving their money.
8. In Western culture, when drivers have some trouble with their cars, they try to find out the trouble.
9. Westerners think nothing is more important than convenience in their lives.
10. Japanese cars are always clean because the drivers often wash them by hand.

(問8) 次の12の単語の中から中間の音節にアクセントのあるものを3つ選び，その記号を○でかこみなさい。　　　　　　　　　　　　　(各5点)

ア．won-der-ful　　イ．mag-a-zine　　ウ．im-por-tant
エ．pho-to-graph　　オ．vis-i-tor　　カ．ex-pen-sive
キ．dan-ger-ous　　ク．news-pa-per　　ケ．hap-pi-ly
コ．for-eign-er　　サ．sev-er-al　　シ．Aus-tral-ia

得点	評価	基準	A…80点以上　B…79点〜55点　C…54点以下	合格圏	65点

第58日

長文総合問題 (8)

次の文を読んで、あとの各問いに答えなさい。

　Mike lives with his parents in a town ⓐ(ア．Eastside　イ．is　ウ．which　エ．called). He is fifteen years old. He goes to school with his friends, Bill and Dick. They all like singing very much.

　One morning in June they were walking together to school. When they were near the baseball ground, they saw a lot of men there. They wanted to know what the men were doing, so they went into the ground. "What are you doing?" asked Mike. One of the men said, "We are going to build some new houses for old people. The Town Council told us to build the houses."

　"Houses for old people? We haven't heard about that," said Dick.

　"Then we can't play baseball here after school," said Bill.

　"Oh, don't worry about that. Soon you'll have a new baseball ground near your school. (1)It will be much larger," said another man.

　When Mike, Bill, and Dick arrived at the school, they were late. Their teacher, Mr. Wells asked ⓑ(ア．they　イ．late　ウ．were　エ．why). (2)They told the story to the teacher and the class. Then Mr. Wells said, "There are a lot of old people in this town. Many of them live alone and need help. The Town Council thinks that it is good for ⓒ(ア．to　イ．old　ウ．live　エ．people) together."

　After school Mike, Bill, and Dick met again to talk about old people. They thought that building new houses for old people was not enough. (3)They thought even a student should do something good for them. Mike said, "How about visiting old people and singing songs for them?" Bill and Dick thought Mike's idea was great.

　(4)Next day Mike and his friends began to tell the other students about their idea. Soon a lot of volunteer groups of students began visiting old people. Some groups sang beautiful songs, and some other groups talked with them.

One day Mike, Bill, and Dick visited Mrs. Green who was one of the oldest women in the town. They sang songs for her. After listening to their songs, Mrs. Green said, "(5)Thank you very much. I haven't heard such beautiful songs for a long time. I love songs very much because I was a music teacher long ago." Then she showed them many of her pictures and talked about her life. Mike, Bill, and Dick talked to her about their school life. They stayed at her house for a few hours. Mrs. Green had a nice day with the students. (6)She really wanted to do something for them.

Some months later, the new houses were finished. (7)One afternoon Mrs. Green and some other old people in the town met the principal at the school. They gave him many letters to thank all the volunteer groups. Mrs. Green gave him a lot of music books for the students. She said, "Of course we are happy because we have the new houses. But we are much happier when your students visit us. Listening to the songs and talking with the young students have become important parts of our lives. Your students have given us new hope."

(注) Town Council 町議会　worry about〜 〜を心配する　alone 一人で
　　 idea 考え　volunteer group ボランティア　グループ　principal 校長

(問1)　本文中の@, ⓑ, ⓒの(　)内の語を前後の意味が通るように正しく並べかえ，その順序を記号で示しなさい。　　　　　　　　　　(各5点)
　　 @ (　)(　)(　)(　)　ⓑ (　)(　)(　)(　)　ⓒ (　)(　)(　)(　)

(問2)　(1)It will be much larger, とあるが，larger のあとに語句を補って，次の形で書き表すとすれば，[　　]の中に下のどの語を入れるのがよいか，その記号を○でかこみなさい。　　　　　　　　　　　　　　　　(5点)
　　 It will be much larger than this [　　],
　　 ア．ground　イ．house　ウ．school　エ．town

(問3)　(2)They told the story to the teacher and the class. の内容を，次の形で書き表すとすれば，[　　]の中にそれぞれどのような1語を入れるのがよいか。本文中の連続している2語を抜き出し書き入れなさい。
　　　　　　　　　　　　　　　　　　　　　　　　　　　(2語で5点)
　　 They told the teacher and the class about the (A)[　　] (B)[　　] for old people and the new baseball ground.

(問4) (3)They thought even a student should do something good for them. の them が指しているのは，次のうちのどれか，記号を○でかこみなさい。 (5点)
　ア．Mike, Bill, and Dick
　イ．old people in the town
　ウ．students of the school
　エ．the men working in the ground

(問5) (4)Next day Mike and his friends began to tell the other students about their idea. とあるが，idea の内容が分かるように，次の形で書き表すとすれば，[　　]の中に下のどれを入れるのがよいか，記号を○でかこみなさい。 (5点)
　Next day Mike and his friends began to say that the students should [　　　　　　].
　ア．go to the ground and build the houses with the men
　イ．go to the new ground near the school and play baseball
　ウ．visit old people in the town and sing songs for them
　エ．visit the Town Council and ask them to stop building

(問6) (5)Thank you very much. とあるが，much のあとに語句を補って，次の形で書き表すとすれば，[　　]の中にどのような1語を入れるのがよいか。[　　]の中から選び，その文に適した形にして書き入れなさい。(5点)
　Thank you very much for [　　].

　　build　　listen　　sing　　wait

(問7) (6)She really wanted to do something for them. とあるが，次の質問に対する答えの文を完成するには，[　　]の中に下のどの語を入れるのがよいか，記号を○でかこみなさい。 (5点)
　質問　Why did Mrs. Green really want to do something for the students?
　答え　Because she [　　] their visit and wanted to thank them.
　ア．enjoyed　　イ．helped　　ウ．stopped　　エ．tried

(問8) (7)One afternoon Mrs. Green and some other old people in the town met the principal at the school. を2か所くぎって読むとすれば，次のどことどこでくぎるのがよいか，記号を○でかこみなさい。(各区切り5点)
　One afternoon Mrs. Green and some other old people in the town
　　　　　　　　ア　　　　　　　　　　　　イ　　　　　　　　　ウ　　エ

met the principal at the school.

(問9) 次の語のうちに，下線の部分の発音が another の下線部の発音と同じものが2つある。それらの記号を◯でかこみなさい。　　　(各5点)

ア. ag<u>o</u>　イ. c<u>a</u>ll　ウ. w<u>o</u>rry　エ. h<u>ow</u>　オ. m<u>u</u>ch　カ. h<u>a</u>ppy

(問10) 次の語のうちに，(1)の部分を他の部分よりも強く発音する語が1つある。その記号を◯でかこみなさい。　　　(5点)

ア. a-lone　イ. ar-rive　ウ. beau-ti-ful　エ. be-gin
　　(1) (2)　　　(1) (2)　　　(1)　(2)(3)　　　(1) (2)

オ. im-por-tant
　　(1) (2) (3)

(問11) 本文の内容と合うように次の文章を完成するには，☐の中にそれぞれどのような1語を入れるのがよいか。本文中で使われている語をそのまま用いて書き入れなさい。　　　(各5点)

When Mike, Bill, and Dick were walking to school, they saw a lot of men in the baseball ground. The men were going to (A)☐ new houses for old people.

Mike and his friends thought they should visit old people to do something, because building houses was not (B)☐. They told the other students about their idea. A lot of volunteer groups began to visit.

One day Mike, Bill, and Dick visited Mrs. Green who was once a (C)☐ of music. They sang songs for her and talked about their school life. She had a very good day.

Some months later, Mrs. Green and some other old people (D)☐ the school. They gave the principal a lot of letters to thank the volunteer groups. Mrs. Green gave him music books for the students.

(問12) 次の文を英語の文になおして書きなさい。　　　(各5点)

(1) 私は，カナダ (Canada) にいる私のおばに手紙を書いているところです。

(2) 昨年，ウッド先生 (Miss Wood) は，英語を教えるために東京 (Tokyo) に来ました。

第59日

長文総合問題 (9)

次の文を読んで，あとの各問いに答えなさい。＊印のついている語は下の(注)を参考にすること。

The Walkman is one of the most successful products in Japan. As the name shows, it should be used in public, especially while walking or moving. Its good points, the makers say, are: putting your time to good use by using foreign-language tapes; making your journey pleasant by listening to music; teaching and training yourselves by listening to the latest news, cooking programs and so on. The *advertisement says both (a)<u>self-study</u> and pleasant time, and only these strong points are said by the makers and by every user I ask.

But when I look at a number of walkmen and walkwomen, a thought comes into my mind. Is it not possible that the weak points are greater than the strong? (A)<u>I am afraid that Walkman is popular not because it puts things into the ears but because it keeps things out of the ears</u>. The thought comes into my mind for two reasons. First, I have never *interrupted the user's language or cooking lesson. Walkman users have given their ears to a very high-sound mix of pop / rock / *enka*. Secondly, Walkman is used in the same way as *manga,* another successful product in Japan.

Manga are very popular comic books in Japan. Many kinds of weekly and monthly manga are published and (1)(sell). Every train, every *subway, every park bench is filled (2)(　　) people (3)(　　) eyes are caught by their opened manga. Here the advertisement says no self-study. Indeed there is no (4)(　　) for manga advertisement, because manga has already got great success. We are told that manga are entertaining, *omoshiroi.* At (5)(little) the readers I ask answer in this way. This is not true even if they (b)<u>say so</u> from their heart. But after much study and interview with many people, I received an answer that opened my eyes to the fact. Manga, I was told, is a kind of portable television: it fills, pleasantly enough, the mind while we are doing something else——sitting, standing, waiting.

Now, the bridge over Walkman and manga is made. (c)<u>Manga is to the eyes as Walkman is to the ears</u>. Both are pleasant for completely bad reasons. Their character is not input but output. They both, like television, (d)<u>shut out</u>. And what do they so successfully shut out? Life itself. The other people standing, sitting, crowded; so much noise of the city; not so interesting but quiet life of the village. (B)<u>The manga shows a completely unreal world which is liked better than the real one</u>. The Walkman gives us another unreal world which shuts out both noisy and quiet time. The Japanese younger generation are closed; their eyes see nothing but unreal things, their ears are covered with earphones, all senses are closed tightly.

　（注）　advertisement 宣伝・広告　　interrupt 邪魔する　　subway 地下鉄

（問1）　下線部(A)(B)の意味を日本語で書きなさい。(B)は one が表すものを明らかにすること。　　　　　　　　　　　　　　　　　　（各5点）
　(A) _____
　(B) _____

（問2）　下線部(a)にあたる具体的な宣伝を1つ日本語で書きなさい。　（5点）

（問3）　下線部(b)の内容を具体的に日本語で書きなさい。　（5点）

（問4）　下線部(c)の意味に最も近いものを1〜4から選び，番号を○でかこみなさい。　（5点）
　1．漫画と目の関係はウォークマンと耳の関係と同じだ。
　2．漫画は目の役目をウォークマンは耳の役目を果たす。
　3．ウォークマンを耳で聞きながら漫画を目で読む。
　4．ウォークマンを聞く時間と漫画を読む時間は等しい。

（問5）　下線部(d)に最も近い意味を持つ語を1〜4から選び，番号を○でかこみなさい。　（5点）
　1．stop　　　　　　　　　　2．see and hear

3. make a noise   4. keep away things

(問6) (1)と(5)の( )は与えられた語を正しい形にしなさい。
また(2)(3)(4)の( )には適当な英語を1語入れなさい。　　(各5点)

(1) _____　(2) _____　(3) _____
(4) _____　(5) _____

(問7) 本文の内容に合うように与えられた文字で始まる適当な1語を( )に入れなさい。　　(各5点)

Both Walkman and manga are among the young people's (1)(f-   ) products in Japan. Of course we can study by (2)(o-   ) and have a (3)(g-   ) time by using Walkman, and it is (4)(f-   ) to read manga, but they have weak points, too. The world they make up is not a (5)(r-   ) world. The users have to know this fact.

(問8) 次の C—D の関係が A—B と同じになるよう，空所に1語ずつ入れなさい。　　(各5点)

	A	B	C	D
(1)	life	live	success	_____
(2)	strong	weak	same	_____
(3)	make	maker	music	_____
(4)	not noisy	quiet	not possible	_____

長文総合問題 (10)

次の文を読んで，あとの各問いに答えなさい。

The small town of Belford is in the south of England near the sea. (1)その町はロンドン (London) から列車で二時間ほどで行ける。 The Bel River runs through the town, and the town is named （ あ ） the river. There are some hotels along the river.

Jim Reed ate his breakfast and looked through the window of his house. He saw the boats on the river and on the sea. The sea birds flew over the boats and looked down at the fish in (2)them.

Jim was a tall man （ い ） nice blue eyes and black hair. Today he was twenty-seven. (3)It was his work to write love stories for women's magazines. He really wanted to write stories about crime. He often liked to help the policemen in Belford, but there was not much crime in Belford.

Jim finished his eggs. He drank his coffee and looked at 'The Belford News'. On the front page he read :

THIEVES IN BELFORD

Yesterday thieves took money from the house of Mrs. Doris Pool in Baker Street. This week the thieves have taken money from three other houses in Belford. Mrs. Pool told us : "I didn't hear a thing. I went to sleep in front of the television. I heard a noise and I found the front door open. The thieves took some money from the desk in my room.

At 10 : 30 that morning Jim visited Sergeant Tom Barlow at the police station.

"Good morning, Tom," Jim said to Sergeant Barlow.

"Good morning, Jim," the Sergeant answered.

"Have you read about the thieves?" asked Sergeant Barlow.

"Yes, I have. (4)[can / for / help / I / look / them / to / you]?"

"Yes. I will need some help. These thieves will not be easy to find."

"Perhaps they don't live in Belford," said Jim. He wanted to help

Tom.

"This afternoon I am going to see all the visitors in hotels to ask some questions," Tom said. "Do you want to come with me?"

"[A] I have to see a doctor in Exeter at 2 : 30 this afternoon. Perhaps I can help you tomorrow."

"O. K. Thank you."

Jim left the police station and drove to Exeter. After his visit to the doctor it was late. He ate his dinner in the city and then drove back to Belford. It was now dark. He drove his car to the grass near the house. He was tired after his long day. He walked [イ] to his front door. Suddenly he stopped. "What was (5)that ?" He heard a noise in the house. There was a person in there! He listened carefully. Yes, there was the noise again. It was the sound of a person walking quietly in his house. "Sh!" said a voice in the house. So there were two of them! The thieves!

Jim was a big, strong man, but (6)[another / he / help / him / man / needed / to]. He must try to get Sergeant Barlow. Quickly, but quietly, Jim ran to the police station. He could not find anybody there. He went to Sergeant Barlow's house.

It was not a long way to the Sergeant's house. But Jim was angry. "I have lost some time. Perhaps the thieves have left already."

He ran back across the road. He soon arrived (ろ) Tom's house. His shoes made a lot of noise on the road. Tom knew he was coming. Tom jumped up quickly and ran to the door to open it. "[B]"

"Thieves! In my house. Come with me!"

"What ? Speak slowly. What did you say ?"

"The thieves are in my house now. I heard (7)them. Be [ㅁ], Tom."

"All right. Wait a minute. I'll get my coat."

The October night was cold, but Jim was already warm from his run. The two of them ran to Jim's house. They stopped at the front of the house.

"O. K.," said Sergeant Barlow. "You must stay (8)here, Jim. You are not a policeman. Perhaps they have guns."

"No. I will come with you. There are two of them, or perhaps more. You will need my help."

"All right, Jim. But be [い]."

Without a sound, they moved up to the front door and listened. "There is no noise," said Tom quietly. "Perhaps they've gone."

" C   I heard a voice. Listen!" Tom listened and heard it, too.

"O. K. Give me the key to your front door. I'll open the door. Then you [う] put on the lights. All right?"

"All right," answered Jim.

The Sergeant opened the door carefully. Jim jumped through the open door and put on the light.

"Happy Birthday! Happy Birthday, Jim!" called the twenty people in the room. They were his friends from the town. "It's a surprise party (え) you, Jim," they said.

Jim smiled at Tom. Tom smiled back and said, "Now I'm here, so I'll have a drink, Jim. O.K.? (9)Your thieves won't come tonight, with all your visitors here."

(注) crime 犯罪　　thieves どろぼう　　sergeant 巡査部長
　　 sh シッ（静かに）

(問1) （あ）～（え）に入る適切な語を次の中から選び，その番号を書きなさい。
ただし，どの語も一度だけしか使えないものとします。　　　　（各5点）

　1. for　　　2. at　　　3. after　　　4. with
　（あ）（　　）　（い）（　　）　（う）（　　）　（え）（　　）

(問2) 下線部(4), (6)の語を並べかえて，意味の通る文にしなさい。　（各5点）
　(4) ＿＿＿＿＿＿＿＿＿＿＿＿＿＿＿＿＿＿＿＿＿＿＿＿＿＿
　(6) ＿＿＿＿＿＿＿＿＿＿＿＿＿＿＿＿＿＿＿＿＿＿＿＿＿＿

(問3) 　A 　～　C 　に入る最もふさわしい文を次の中から選び，その番号を書きなさい。　　　　　　　　　　　　　　　　　　　　（各5点）

　1. What's wrong, Jim?　　　2. No, they haven't.
　3. I can't today.

　　A. (　　)　B. (　　)　C. (　　)

(問4) 〔イ〕〜〔ニ〕に入る語を次の中から選び，番号を書きなさい。ただし，どの語も一度だけしか使えないものとします。　　　　　　　　　　（各5点）
　　1．careful　　　2．quick　　　3．quickly　　　4．slowly
　　イ．(　　)　ロ．(　　)　ハ．(　　)　ニ．(　　)

(問5)　下線部(3)，(9)の文を日本語にしなさい。　　　　　　　　（各5点）
　　(3) _____
　　(9) _____

(問6)　下線部(1)の日本語を英語にしなさい。　　　　　　　　　　（5点）
_____

(問7)　下線部(2)，(5)，(7)，(8)はそれぞれ何を指しているか，本文中の英語で答えなさい。　　　　　　　　　　　　　　　　　　　　　　（各5点）
　　(2) _____
　　(5) _____
　　(7) _____
　　(8) _____

得点	評価	基準		合格圏	65点
		A…80点以上　B…79点〜55点　C…54点以下			

入試対策　英単語・熟語集

　入試には必ず長文が出されるので，単語・熟語の知識も豊富でなければなりません。
　もちろん，むずかしい習っていないような語には，長文のあとに，（注）として説明がつくこともあります。
　ここにかかげた単語・熟語は，今まで中学校で使われてきた教科書および過去の入学試験によく出たものを徹底的に調査し，総まとめしたものです。
　ただし中学1年の初期に習ったやさしい単語（dog, apple……）や，日本語化してだれでも知っているようなもの（bus, hotel……）は省略してあります。
　熟語については，整理しやすいように，アルファベット順ではなく，用法別に分類しました。
　忘れた語，知らなかった語句には，赤印をつけるなどして，大いに活用し，実力をたくわえてください。

入試対策 英単語

— A —

a [ə] 冠①1つの
②～について
able [éibl] 形～できる
about [əbáut] 前①～について(の)
②～のまわりに
③…ごろ
副およそ
above [əbʌ́v] 前～の上のほうに
副上方(に)
abroad [əbrɔ́:d] 副外国へ(に)
absent [ǽbsənt] 形不在の，欠席の
accept [əksépt] 動受け取る，受ける
accident [ǽksidənt] 名事故，故障
ache [eik] 動痛む，うずく
名痛み，うずき
across [əkrɔ́(:)s] 前～を越えて，を渡って
副～の向こう側に
act [ækt] 名行為
動行動する
address [ədrés] 名あて名，住所
動あて名をかく
adventure [ədvéntʃər] 名冒険
advise [ədváiz] 動忠告する
afraid [əfréid] 形恐れて
Africa [ǽfrikə] 名アフリカ
African [ǽfrikən] 形アフリカの
名アフリカ人
after [ǽftər] 接前(～した)あとに
副あとに
afternoon [ǽftərnú:n] 名午後
afterward(s) [ǽftərwəd(z)] 副あとで
again [əgén] 副ふたたび，また
against [əgénst] 前①～に向かって
②～に反して
age [eidʒ] 名年齢
ago [əgóu] 副(今から)～前に
agree [əgrí:] 動同意する，賛成する
ahead [əhéd] 副前へ，前方に
air [eər] 名①空 ②空気，大気
airplane [éərplein] 名飛行機
airport [éərpɔ:rt] 名空港
album [ǽlbəm] 名アルバム
alike [əláik] 形副よく似て，同様で
all [ɔ:l] 形全部の
名全部
副まったく，すべて
allow [əláu] 動許す
almost [ɔ́:lmóust] 副ほとんど
alone [əlóun] 副ただひとり(で)
along [əlɔ́ŋ] 前～に沿って
alphabet [ǽlfəbit] 名アルファベット
already [ɔ:lrédi] 副すでに
also [ɔ́:lsou] 副～もまた，やはり
although [ɔ:lðóu] 接～だけれども
always [ɔ́:lweiz] 副いつも
am [æm/əm] 動①～である
②いる，ある
a. m., A. M. [ei ém] (略)午前(ラテン語 ante meridiem の略)
America [əmérikə] 名アメリカ
American [əmérikən] 形アメリカの
名アメリカ人

| 英単語 |

among [əmʌ́ŋ] 前～のあいだに（3つ以上のもの），～の中に
an [æn/ən] 冠1つの，ひとりの
and [ænd/ənd] 接①そして，～と…　②（命令文のあと）そうすれば
animal [ǽniməl] 名動物
angry [ǽŋgri] 形おこった
announce [ənáuns] 動発表する，知らせる
announcer [ənáunsər] 名アナウンサー
another [ənʌ́ðər] 代別の人(もの)，もう1つのもの，形もう1つの，別の
answer [ǽnsər] 名答え　動答える
ant [ænt] 名あり
any [éni] 形①（肯定）どんな～でも，どれでも　②（疑問）いくらかの，だれか　③（否定）少しも，どれも，だれも
anyone [éniwʌn] 代(=anybody) ①だれか（疑問）②だれも（否定）③どんな人も（肯定）
anything [éniθiŋ] 代①なにか（疑問）②なにも（否定）③なんでも（肯定）
anyway [éniwei] 副ともかく
anywhere [énihwɛər] 副どこでも，どこかへ
apartment [əpáːrtmənt] 名アパート，貸間
appear [əpíər] 動①現れる　②～のように見える
April [éipril] 名四月 (Apr. と略す)
Arabic [ǽrəbik] 形アラビアの，アラビア人の

are [ɑːr/ər] 動①～である　②ある，いる
aren't [ɑːrnt] =are not
arm [ɑːrm] 名腕
army [ɑ́ːrmi] 名軍隊
around [əráund] 前～のまわりを(に)　副まわりを(に)，あちこち
arrange [əréindʒ] 動整える，整とんする
arrive [əráiv] 動着く
art [ɑːrt] 名芸術，美術
artist [ɑ́ːrtist] 名芸術家，画家
as [æz/əz] 接～しながら，～のように，～なので，と同じくらい　前～として　副～ほど，～と同じく
Asia [éiʒə] 名アジア
ask [æsk] 動①たずねる　②頼む
asleep [əslíːp] 形眠って
at [æt/ət] 前①（時間・場所）～に，で　②～に向かって　③～を聞いて，～を見て
ate [eit/et] 動 eat（食べる）の過去
Atlantic [ətlǽntik] 形大西洋の　the Atlantic 大西洋
attend [əténd] 動出席する
August [ɔ́ːgəst] 名八月 (Aug. と略す)
aunt [ænt] 名おば
autumn [ɔ́ːtəm] 名秋 (=fall)
Australia [ɔ(ː)stréiljə] 名オーストラリア
awake [əwéik] 形目ざめて
away [əwéi] 副あちらへ，離れて

— B —

baby-sit [béibisit] 動子もりをする

back [bæk] 副うしろへ
　　　　　　名①うしろ　②背中
bad [bæd] 形悪い
badly [bǽdli] 副ひどく，悪く
baggage [bǽgidʒ] 名(米)手荷物
bake [beik] 動(パン，菓子などを)焼く
balance [bǽləns] 名はかり，つりあい
band [bænd] 名①一団，一隊
　　　　　　②楽隊　③帯
bank [bæŋk] 名①堤防，土手
　　　　　　②銀行
bargain [bá:rgin] 名掘り出し物，見切り品
base [beis] 名基底部，土台
basement [béismənt] 名地階，地下室
bath [bæθ] 名入浴，ふろ場
bathe [beið] 動入浴する
B. C. [bí: sí:] =before Christ 紀元前[キリストの誕生以前]
beach [bi:tʃ] 名浜，なぎさ
bean [bi:n] 名豆(いんげん豆・そら豆・だいずなど)
bear [beər] 名熊
　　　　　　動生む
beat [bi:t] 動打つ，たたく
beautiful [bjú:tifəl] 形美しい
beautifully [bjú:tifəli] 副美しく，りっぱに
beauty [bjú:ti] 名美，美しさ
became [bikéim] 動become(～になる)の過去
because [bikɔ́(:)z] 接①なぜならば
　　　　　　②～だからといって
become [bikʌ́m] 動～になる
been [bi:n, bin] 動beの過去分詞
beetle [bí:tl] 名かぶとむし
before [bifɔ́:r] 接前～する前に，～しないうちに
　　　　　　副以前に
began [bigǽn] 動begin(始まる)の過去
beggar [bégər] 名こじき
begin [bigín] 動①始まる
　　　　　　②始める
begun [bigʌ́n] 動beginの過去分詞
beginning [bigíniŋ] 名初め，開始
behind [biháind] 前～の後ろに
　　　　　　副おくれて，あとに
believe [bilí:v] 動信じる
belong [bilɔ́ŋ] 動属する
below [bilóu] 前～の下のほうに
beside [bisáid] 前～のそばに(の)
best [best] 形(good, wellの最上級)いちばんよい
　　　　　　副(wellの最上級)いちばんよく(うまく)
　　　　　　名最上，最善
better [bétər] 形(good, wellの比較級)もっとよい
　　　　　　副(wellの比較級)よりよく，よりうまく
between [bitwí:n] 前(2つのものの)間の
　　　　　　副間に(3つ以上はamongを用いる)
bicycle [báisikl] 名自転車
birthday [bá:rθdei] 名誕生日
bite [bait] 動かむ，食いつく
blackboard [blǽkbɔ:rd] 名黒板
blend [blend] 動まぜる，混合する
blessing [blésiŋ] 名祝福
blind [blaind] 形目の見えない
block [blɑk/blɔk] 名かたまり，積み木
blood [blʌd] 名血
bloom [blu:m] 動(花が)咲く
　　　　　　名花ざかり
blossom [blɑ́səm] 名花(果樹の)

| 英単語 |

blow [blou]	動(風が)吹く
blue [bluː]	形青い
	名青
board [bɔːrd]	名板,(遊戯の)盤
boat [bout]	名船,ボート
body [bádi]	名身体
boil [bɔil]	動沸かす,ゆでる
bone [boun]	名骨
bookcase [búkkeis]	名本箱
boot [buːt]	名長靴
border [bɔ́ːrdər]	名境界,へり
born [bɔːrn]	動bear(生む)の過去分詞
borrow [bárou]	動借りる
both [bouθ]	代両方
	副両方とも
bottle [bátl]	名びん
bottom [bátəm]	名底
bought [bɔːt]	動 buy(買う)の過去,過去分詞
bow [bau]	動(頭を)下げる,おじぎする
brain [brein]	名脳,頭脳
brave [breiv]	形勇敢な
bread [bred]	名パン
break [breik]	動こわす,ちぎる
breakfast [brékfəst]	名朝食
breathe [briːð]	動呼吸する
bridge [bridʒ]	名橋
bright [brait]	形①明るい ②りこうな
brightly [bráitli]	副明るく
bring [briŋ]	動連れてくる,持ってくる
British [brítiʃ]	形イギリスの,イギリス人の
	名(the をつけて)イギリス人
broke [brouk]	動break(こわす)の過去

broken [bróukən]	動break の過去分詞
brought [brɔːt]	動bring(持ってくる)の過去,過去分詞
brown [braun]	形茶かっ色の
	名茶かっ色
Buddha [búdə]	名仏陀
build [bild]	動(組み)建てる
building [bíldiŋ]	名建物
built [bilt]	動build(建てる)の過去,過去分詞
burn [bəːrn]	動①燃える ②燃やす
business [bíznis]	名①仕事 ②商売
businessman [bíznismæn]	名実業家,実務家
bust [bʌst]	名胸像
busy [bízi]	形忙しい
but [bʌt]	接でも,しかし
	副たった,〜にすぎない
butterfly [bʌ́tərflai]	名ちょう
button [bʌ́tn]	名ボタン
buy [bai]	動買う
by [bai]	前①〜のそばに ②過ぎて ③によって

— C —

cabin [kǽbin]	名①小屋 ②船室
cage [keidʒ]	名①鳥かご ②おり
call [kɔːl]	動①呼ぶ ②訪ねる ③電話をする
camel [kǽməl]	名らくだ
camp [kæmp]	動キャンプをする
	名野営,野営地
campus [kǽmpəs]	名構内
can [kæn/kən]	動①〜できる ②〜してもよい
Canadian [kənéidiən]	形カナダの
	名カナダ人

candle [kǽndl]	名ろうそく
can't [kænt]	=cannot
capital [kǽpitl]	名首都
capitol [kǽpitl]	名州会(国会)議事堂
captain [kǽptin]	名①主将, 団長 ②船長
card [kɑ:rd]	名トランプ, かるた
care [keər]	名①注意 ②世話, 保護
	動①心配する
	②世話をする
	③気にかける
careful [kéərfəl]	形注意深い
carefully [kéərfəli]	副注意深く
careless [kéərlis]	形不注意な
carpenter [kɑ́:rpintər]	名大工
carry [kǽri]	動運ぶ
cart [kɑ:rt]	名荷車
case [keis]	名①入れもの ②場合
castle [kǽsl]	名城
catch [kætʃ]	動①とらえる
	②(病気に)かかる
caught [kɔ:t]	動catchの過去, 過去分詞
celebrate [sélibreit]	動祝う
cent [sent]	名セント(米貨, 100分の1ドル)
center(-re) [séntər]	名①中央 ②中心地, センター
century [séntʃuri]	名1世紀 (100年)
ceremony [sérimouni]	名式
certainly [sə́:rtnli]	副たしかに
chain [tʃein]	名くさり
chairman [tʃɛ́ərmən]	名議長, 司会者
chalk [tʃɔ:k]	名白ぼく, チョーク
chance [tʃæns]	名機会
change [tʃeindʒ]	動替える, 交換する
	名つり銭
cheap [tʃi:p]	形安い
cheerful [tʃíərfəl]	形元気のよい, 愉快な
cheerleader [tʃíərli:dər]	名応援団員
chemistry [kémistri]	名化学
cherry [tʃéri]	名桜
chicken [tʃíkin]	名ひよこ
chess [tʃes]	名西洋将棋, チェス
chief [tʃi:f]	名族長, 長
child [tʃaild]	名子ども, 児童
children [tʃíldrən]	名childの複数形
chimney [tʃímni]	名えんとつ
China [tʃáinə]	名中国
Chinese [tʃainí:z]	形中国の
	名①中国人 ②中国語
choose [tʃu:z]	動選ぶ
Christ [kraist]	名キリスト
church [tʃə:rtʃ]	名教会
circle [sə́:rkl]	名円
circus [sə́:rkəs]	名サーカス
citizen [sítizn]	名市民
city [síti]	名①市, 都市 ②町
classmate [klǽsmeit]	名級友
classical [klǽsikəl]	形古典的な
clean [kli:n]	動きれいにする, そうじする
	形きれいな, 清潔な
cleaner [klí:nər]	名そうじ機
clear [kliər]	形晴れた, 澄んだ, 明らかな
	動晴れる
clever [klévər]	形りこうな
climb [klaim]	動登る
close [klouz]	動①閉じる
	②終わる, 閉会する

cloth [klɔ(:)θ]	名布	continue [kəntínju:]	動続く, 続いて言う
clothes [klouðz]	名着物, 衣服	control [kəntróul]	動操縦する, 調節する
cloud [klaud]	名雲		名調節
cloudy [kláudi]	形曇った	cook [kuk]	動料理する
club [klʌb]	名クラブ, 部		名コック, 料理人
coach [koutʃ]	名(4輪・4頭立ての)馬車, (競技の)コーチ	cool [ku:l]	形涼しい, 冷たい
coal [koul]	名石炭	copy [kápi]	名写し, コピー
coast [koust]	名海岸	corn [kɔ:rn]	名とうもろこし, こくもつ
coat [kout]	名コート, 上着	corner [kɔ́:rnər]	名かど, すみ
cock [kak]	名おんどり	cotton [kátn]	名綿
code [koud]	名①信号 ②符号, 略号	correct [kərékt]	動訂正する
coin [kɔin]	名貨幣, 硬貨		形正しい
cold [kould]	形①寒い ②つめたい 名寒さ	could [kud]	動canの過去
collect [kəlékt]	動集める	couldn't [kúdnt]	=could not
college [kálidʒ]	名(単科の)大学, カレッジ	count [kaunt]	動数える
		country [kʌ́ntri]	名①国 ②いなか
colo(u)r [kʌ́lər]	名色	couple [kʌ́pl]	名1組, 1対
comb [koum]	名くし	courage [kə́:ridʒ]	名勇気
comfortable [kʌ́mfərtəbl]	形気持ちのよい	course [kɔ:rs]	名進路
		court [kɔ:rt]	名コート
comic [kámik/kɔ́mik]	形喜劇の	cousin [kʌ́zn]	名いとこ
		cover [kʌ́vər]	動おおう
command [kəmǽnd]	動指揮する 名命令		名おおい, カバー
		cow [kau]	名め牛
common [kámən]	形ふつうの, 共通の	crop [krap]	名作物, 収穫
communication [kəmju:nikéiʃən]	名伝達, 通信	create [kri(:)éit]	動創造する, 初めて作りだす
company [kʌ́mpəni]	名①仲間 ②会社	cross [krɔ(:)s]	動渡る, 横切る 名十字記号, 十文字
composition [kampəzíʃən]	名作文	crowd [kraud]	動むらがる 名群集
computer [kəmpjú:tər]	名コンピューター, 電子計算機	crowded [kráudid]	形こんでいる
		crown [kraun]	名冠
concert [kánsərt]	名音楽会	culture [kʌ́ltʃər]	名文化, 文明
conquer [káŋkər]	動征服する	cry [krai]	動①叫ぶ ②泣く
contest [kántest]	名コンテスト, 競演会		名叫び声
continent [kántinənt]	名大陸	cut [kʌt]	動切る
		cute [kju:t]	形かわいらしい

— D —

daddy [dǽdi] 名おとうさん（子供のことば）
daily [déili] 形毎日の　副毎日
damage [dǽmidʒ] 名損害
danger [déindʒər] 名危険
dangerous [déindʒərəs] 形危険な
dark [dɑːrk] 形暗い
date [deit] 名①日づけ，期日　②デート
daughter [dɔ́ːtər] 名娘
dawn [dɔːn] 名夜明け
day [dei] 名①日　②昼間，日中　③時代
dead [ded] 形死んで
deal [diːl] 名量
dear [diər] 形①かわいい　②親愛なる（手紙の「拝啓」にあたる）
death [deθ] 名死
December [disémbər] 名十二月（Dec.と略す）
decide [disáid] 動決心する
decorate [dékəreit] 動飾る
deep [diːp] 副深く　形深い
deer [diər] 名しか
delicious [dilíʃəs] 形おいしい
democracy [dimákrəsi] 名民主主義
dentist [déntist] 名歯医者
design [dizáin] 名模様　動デザインする
destroy [distrɔ́i] 動こわす，破壊する
develop [divéləp] 動①発達させる，開発する　②発達する

diary [dáiəri] 名日記
dictionary [díkʃəneri] 名辞書
did [did] 動do (does) の過去
didn't [dídnt] =did not
die [dai] 動死ぬ
different [dífərənt] 形違った，いろいろの
difficult [dífikəlt] 形むずかしい，困難な
dig [dig] 動掘る
dining [dáiniŋ] 名食事
dinner [dínər] 名①正さん（1日のうちの主要な食事）②晩さん（会）
direction [dirékʃən] 名方向，方角
dirty [də́ːrti] 形きたない
discover [diskʌ́vər] 動発見する
discovery [diskʌ́vəri] 名発見
discuss [diskʌ́s] 動議論する，話し合う
discussion [diskʌ́ʃən] 名論議，討論
dish [diʃ] 名皿
display [displéi] 名陳列　動陳列する
distance [dístəns] 名①距離　②遠方
diver [dáivər] 名潜水する人，潜水夫
diving [dáiviŋ] 名潜水，ダイビング
doctor [dáktər] 名医者，博士（Dr.と略す）
doll [dɑl] 名人形
dollar [dálər] 名ドル（米国の貨幣単位）
done [dʌn] 動do (does) の過去分詞
down [daun] 副①下へ　②〜を下って
downstairs [dáunstéərz] 副階下に（へ）
downtown [dáuntáun] 副下町に（へ）

dozen [dʌzn]	名ダース	eagle [íːgl]	名〖鳥〗わし
Dr. [dáktər]	=Doctor (博士)	ear [iər]	名耳
drank [dræŋk]	動drink の過去	early [ə́ːrli]	形初期の
draw [drɔː]	動①(図面を)引く		副早く
	②(絵を)描く	earth [əːrθ]	名①地面 ②地球
drawn [drɔːn]	動draw の過去分詞	east [iːst]	名東
dream [driːm]	名夢		形東の
	動夢をみる	easy [íːzi]	形①やさしい ②楽な
dreamy [dríːmi]	形夢みるような	easily [íːzili]	副たやすく
dress [dres]	動服を着る	eat [iːt]	動食べる
	名ドレス, 服	eaten [íːtn]	動eat の過去分詞
drew [druː]	動draw の過去	education	名教育
drift [drift]	動ただよう, 吹き流される	[edʒukéiʃən]	
		eighteen [éitíːn]	名形18(の)
drink [driŋk]	動飲む	eighteenth	名形第18番め(の)
	名飲みもの	[éitíːnθ]	
drive [draiv]	動車を運転する, ドライブをする	eighth [éitθ]	名形第8番め(の)
		eightieth [éitiiθ]	名形第80番め(の)
driven [drívn]	動drive の過去分詞	eighty [éiti]	名形80(の)
driver [dráivər]	名運転手	either [íːðər]	代①どちらか
drop [drɑp]	動①落ちる ②落とす		②も(ない)
drove [drouv]	動drive の過去	electric [iléktrik]	形電気の
drown [draun]	動①おぼれさせる	electricity	名電気
	②おぼれる	[ilektrísiti]	
drugstore	名ドラッグストア(薬のほかに化粧品, たばこ, 本, 文房具なども売っている店)	element [éləmənt]	名要素, 成分
[drʌ́gstɔːr]		elephant [éləfənt]	名ぞう
		elevator [éləveitər]	名エレベーター
		eleven [ilévn]	名形11(の)
drum [drʌm]	名太鼓, ドラム	eleventh [ilévnθ]	名形第11番め(の)
drunk [drʌŋk]	動drink の過去分詞	else [els]	副ほかに
dry [drai]	形かわいた	empire [émpaiər]	名帝国
	動かわかす	empty [émpti]	形からっぽの
during [djú(ː)riŋ]	前①〜の間じゅう	end [end]	動終わる
	②〜の間(に)		名終わり
duty [djúːti]	名義務	engineer	名技師
		[endʒiníər]	
― E ―		England [íŋglənd]	名イギリス
		English [íŋgliʃ]	形①英語の
each [iːtʃ]	代おのおの		②イギリス(人)の
	形おのおのの		名①英語 ②イギリス人

Englishman [íŋgliʃmən]	名 英国人
enjoy [indʒói]	動 楽しむ
enough [inʌ́f]	副 十分に / 形 十分な，必要なだけの
enter [éntər]	動 はいる
entrance [éntrəns]	名 入口
envelope [énviloup]	名 封筒
envy [énvi]	動 うらやむ，ねたむ
eraser [iréisər]	名 消しゴム
escape [iskéip]	名 逃亡 / 動 のがれる
especially [ispéʃəli]	副 特に
Europe [júː(ː)rəp]	名 ヨーロッパ
eve [iːv]	名 (祝祭日の)前夜，前日
even [íːvn]	副 ～(で)さえ，～までも
evening [íːvniŋ]	名 夕方，晩
ever [évər]	副 かつて，今までに
every [évri]	形 ①すべての ②～ごとに
everybody [évribɑdi]	代 だれでも，みんな
everyone [évriwʌn]	代 各人，だれも
everything [évriθiŋ]	代 なんでも，すべてのもの
everywhere [évrihweər]	副 どこでも
evil [íːvl]	名 悪，罪，不幸
exact [igzǽkt]	形 正確な
example [igzǽmpl]	名 例，実例
except [iksépt]	前 ～を除いて
excite [iksáit]	動 興奮させる
excited [iksáitid]	形 わくわくして，興奮した
exciting [iksáitiŋ]	形 わくわくするような
excuse [ikskjúːz]	動 許す
exercise [éksərsaiz]	名 練習
expect [ikspékt]	動 期待する
expensive [ikspénsiv]	形 高価な
experience [ikspíː(ː)riəns]	名 経験
experiment [ikspérimənt]	名 実験
expert [ékspəːrt]	名 専門家，熟練者
explain [ikspléin]	動 説明する
eye [ai]	名 目

— F —

face [feis]	名 顔
fact [fækt]	名 事実
factory [fǽktəri]	名 工場
fail [feil]	動 失敗する
failure [féiljər]	名 失敗
fair [feər]	名 品評会
fall [fɔːl]	動 ころぶ，倒れる / 名 秋
fallen [fɔ́ːln]	動 fall の過去分詞
family [fǽmili]	名 家族，家庭
fame [feim]	名 名声，名誉
famous [féiməs]	形 有名な
far [fɑːr]	副 ずっと / 形 遠い
farm [fɑːrm]	名 農場，飼養場
farmer [fɑ́ːrmər]	名 農夫，農場主
fast [fæst]	副 速く / 形 速い
favorite [féivərit]	形 気に入りの，好きな
fear [fiər]	動 おそれる
feather [féðər]	名 羽
February [fébruəri]	名 二月 (Feb. と略す)
feed [fiːd]	動 食物をあたえる

英単語			
feel [fi:l]	動感じる	flesh [fleʃ]	名①(人間などの)肉
feet [fi:t]	名foot（足，1フィート）の複数形		②肉体
		flew [flu:]	動flyの過去
fell [fel]	動fallの過去	floor [flɔ:r]	名①床
fellow [félou]	名仲間，相手		②(家の)階
felt [felt]	動feelの過去，過去分詞	flow [flou]	動流れる
fence [fens]	名さく，へい，かきね	flower [fláuər]	名花
festival [féstəvəl]	名お祭り	flown [floun]	動flyの過去分詞
few [fju:]	形少数の	fly [flai]	動飛ぶ
field [fi:ld]	名野，畑		名飛行
fifteen [fiftí:n]	名形15(の)	flying [fláiiŋ]	名飛行，飛ぶこと
fifteenth [fiftí:nθ]	名形第15番め(の)	fold [fould]	動たたむ
		follow [fálou]	動従う
fifth [fifθ]	名形第5番め(の)	following [fálouiŋ]	形つぎの
fiftieth [fiftiθ]	名形第50番め(の)		
fifty [fífti]	名形50(の)	fond [fand]	形好きな
fight [fait]	動戦う	food [fu:d]	名食べ物，食糧
fill [fil]	動満たす，いっぱいにする	foolish [fú:liʃ]	形ばかげた
		foot [fut]	名①片足
finally [fáinəli]	副ついに，とうとう		②1フィート（約30 cm）
find [faind]	動わかる，見つける		
fine [fain]	形①すてきな，りっぱな	football [fútbɔ:l]	名フットボール
	②晴れた	for [fɔ:r, fər]	前①〜のために(の)
	③元気な		②〜のあいだ
finger [fíŋgər]	名(手の)指		③〜に向かって
finish [fíniʃ]	動終える，すます		④〜に対して
fire [fáiər]	名火，火事		⑤〜の代わりに
fireplace [fáiərpleis]	名だんろ		⑥〜にとって
		force [fɔ:rs]	名力
first [fə:rst]	名第1，最初	forefather [fɔ́:rfɑ:ðər]	名父祖，祖先
	形第1の，最初の		
	副最初に	foreign [fɔ́(:)rin]	形外国の
fish [fiʃ]	名魚	forest [fɔ́(:)rist]	名森林
	動魚をつる	forever [fərévər]	副いつまでも
fisher [fíʃər]	名漁師	forget [fərgét]	動忘れる
fisherman [fíʃərmən]	名漁夫，漁師	forgot [fərgát]	動forgetの過去
		forgotten [fərgátn]	動forgetの過去分詞
fishing [fíʃiŋ]	名魚つり，漁業		
flag [flæg]	名旗	fork [fɔ:rk]	名フォーク
flash [flæʃ]	名フラッシュ	form [fɔ:rm]	名型，型態

formal [fɔ́:rməl]	形形式ばった，堅苦しい
fortieth [fɔ́:rtiiθ]	名形第40番めの(の)
forty [fɔ́:rti]	名形40(の)
forward [fɔ́:rwərd]	副前へ
found [faund]	動find（見つける）の過去，過去分詞
fourteen [fɔ́:rtí:n]	名形14(の)
fourteenth [fɔ́:rtí:nθ]	名形第14番め(の)
fourth [fɔ:rθ]	名形第4番め(の)
fox [fɑks]	名きつね
France [fræns]	名フランス
free [fri:]	形①自由な ②ひまな
French [frentʃ]	形①フランス(人)の ②フランス語の 名①フランス人 ②フランス語
fresh [freʃ]	形新鮮な，新しい
Friday [fráidi]	名金曜日
friend [frend]	名友だち
friendly [fréndli]	形親しみやすい
friendship [fréndʃip]	名親交，友情
frighten [fráitn]	動おどろかす
frog [frɑg]	名かえる
from [frɑm, frəm]	前①～から ②(原因・理由を表し)～のために
front [frʌnt]	形正面の，表の 名正面，フロント
fruit [fru:t]	名くだもの
full [ful]	形いっぱいの，満ちた
fun [fʌn]	名たのしみ，おもしろいこと
funny [fʌ́ni]	形おかしい，こっけいな
fur [fə:r]	名毛皮
further [fə́:rðər]	形(far の比較級)より遠い
future [fjú:tʃər]	名未来

— **G** —

game [geim]	名①遊び ②競技，試合
garden [gá:rdn]	名庭
gate [geit]	名門，入口
gather [gǽðər]	動集める
gave [geiv]	動give の過去
generally [dʒénərəli]	副一般に
gentle [dʒéntl]	形やさしい，おだやかな
gentleman [dʒéntlmən]	名紳士
gentlemen [dʒéntlmən]	名gentleman の複数形
geography [dʒiágrəfi]	名地理
German [dʒə́:rmən]	形①ドイツ(人)の ②ドイツ語の 名①ドイツ人 ②ドイツ語
Germany [dʒə́:rməni]	名ドイツ
gesture [dʒéstʃər]	名身ぶり，手ぶり
get [get]	動①買う ②得る ③もらう
gift [gift]	名おくりもの
give [giv]	動与える
given [givn]	動give の過去分詞
glad [glæd]	形うれしい
glass [glæs]	名①(ガラスの)コップ ②コップ1杯
globe [gloub]	名球，《the をつけて》地球，世界
glove [glʌv]	名グローブ
goal [goul]	名決勝点，ゴール
god [gɑd]	名神
gold [gould]	名金
golden [góuldn]	形①金色の ②金の
gone [gɔ(:)n]	動go の過去分詞

gorgeous [gɔ́:rdʒəs]	形みごとな，豪華な	gym [dʒim]	名①室内体操場，体育館 (=gymnasium) ②(学科の)体操
got [gat]	動getの過去，過去分詞		
govern [gʌ́vərn]	動治める，統治する		
government [gʌ́vərnmənt]	名政府，政治		

— H —

graceful [gréisfəl]	形しとやかな，上品な
grade [greid]	名①等級 ②学年
graduate [grǽdʒueit]	動卒業する
grammar [grǽmər]	名文法
grandfather [grǽn(d)fɑ:ðər]	名祖父
grandmother [grǽn(d)mʌðər]	名祖母
grass [græs]	名草，芝生
grasshopper [grǽshɑpər]	名いなご，ばった
grave [greiv]	名墓
gravity [grǽviti]	名引力
gray [grei]	名形灰色(の)
great [greit]	形偉大な，大きな
green [gri:n]	形緑の 名緑
greeting [grí:tiŋ]	名あいさつ(状)
grew [gru:]	動growの過去
ground [graund]	名①地面，土地 ②運動場
group [gru:p]	名群れ，集団
grow [grou]	動～になる
grown [groun]	動growの過去分詞
guard [gɑ:rd]	動守る，見張りをする
guess [ges]	動推測する
guest [gest]	名客
guide [gaid]	名案内者，ガイド 動案内する
guitar [gitɑ́:r]	名ギター
gun [gʌn]	名銃

habit [hǽbit]	名習慣
had [hæd, həd]	動have (もつ)の過去，過去分詞
hair [heər]	名髪の毛
half [hæf]	副半分，なかば
hall [hɔ:l]	名ホール，公会堂
hammer [hǽmər]	名金づち，ハンマー
hand [hænd]	動渡す，手渡しする 名手
handkerchief [hǽŋkərtʃif]	名ハンカチ
handsome [hǽnsəm]	形ハンサムな
hang [hæŋ]	動かける，つるす
happen [hǽpən]	動(出来事などが)起こる
happiness [hǽpinis]	名幸福
happy [hǽpi]	形幸福な，満足して
harbo(u)r [hɑ́:rbər]	名港
hard [hɑ:rd]	形困難な 副①熱心に ②激しく
hardly [hɑ́:rdli]	副ほとんど～ない
hare [heər]	名野うさぎ
harmony [hɑ́:rməni]	名調和，一致
harp [hɑ:rp]	名たて琴，ハープ
harvest [hɑ́:rvist]	名収穫
has [hæz/həz]	動haveの3人称単数現在
hasn't [hǽznt]	=has not
have [hæv, həv]	動①もっている ②～がある ③食べる ④飲む ⑤受ける

	⑥have (has)＋過去分詞として現在完了を作る	history [hístəri]	名歴史
		hit [hit]	動打つ
haven't [hǽvnt]	＝have not	hold [hould]	動①握る，持つ ②捕える
hawk [hɔ:k]	名たか	hole [houl]	名穴
head [hed]	名①頭 ②長，署長	holiday [hálədei]	名休日，休み
health [helθ]	名健康	home [houm]	名①家 ②家庭 副家へ
hear [hiər]	動①聞こえる ②聞く		
heard [hə:rd]	動hear の過去，過去分詞	homesick [hóumsik]	形家をこいしがる，故郷をなつかしがる
heart [hɑ:rt]	名①心臓 ②心	homework [hóumwə:rk]	名宿題
heat [hi:t]	名熱 動熱する	honor [ánər]	名名誉
heaven [hévn]	名天	honest [ánist]	形正直な，誠実な
heavy [hévi]	形①重い ②はげしい	hope [houp]	名希望 動希望する
held [held]	動hold の過去，過去分詞	horizon [həráizn]	名水平線
he'll [hi:l]	＝he will	horse [hɔ:rs]	名馬
hello [helóu]	間もしもし	horseback [hɔ́:rsbæk]	名馬の背
help [help]	動救う，援助する 名援助	hospital [háspitl]	名病院
hen [hen]	名めんどり	hot [hɑt]	形暑い，熱い
her [hə:r, hər]	代①彼女の ②彼女を(に)	hour [áuər]	名時間
		house [haus]	名家，住宅
here [hiər]	副①ここに ②ほら，さあ	how [hau]	副①なんと ②どのように ③どのくらい
here's [hiərz]	＝here is		
hers [hə:rz]	代彼女のもの	human [hjú:mən]	名形人間(の)
herself [hə:rsélf]	代彼女自身	humor [hjú:mər]	名こっけい，ユーモア
he's [hi:z]	＝he is	hundred [hándrəd]	名形100(の)
hid [hid]	動hide の過去		
hidden [hidn]	動hide の過去分詞	hundredth [hándrədθ]	名形第100番め(の)
hide [haid]	動かくす		
high [hai]	形高い 副高く	hungry [hángri]	形空腹の
		hunt [hʌnt]	動狩りをする
hiking [háikiŋ]	名ハイキング	hurry [hári]	動急ぐ 名急ぎ
hill [hil]	名丘，小山		
him [him]	代彼を(に)	hurt [hə:rt]	動傷つける
himself [himsélf]	代彼自身	husband [házbənd]	名夫
his [hiz]	代①彼の ②彼のもの		

― I ―

ice [ais]	名氷	
I'd [aid]	=I had	
	(should, would)	
idea [aidíə]	名考え	
idle [áidl]	形なまけものの	
if [if]	接もし～ならば	
I'll [ail]	=I will	
ill [il]	形病気の	
imagine [imǽdʒin]	動想像する	
imagination [imædʒinéiʃən]	名想像(力)	
important [impɔ́ːrtənt]	形大事な, 重要な	
impress [imprés]	動感動させる, 印象づける	
in [in]	前①中に ②(時間)～で ③～に乗って	
inch [intʃ]	名インチ(約2.5センチ)	
indeed [indíːd]	副ほんとうに	
independent [indipéndənt]	形独立の, 自主の	
India [índiə]	名インド	
Indian [índiən]	形インドの 名インド人	
information [infərméiʃən]	名情報, 知識	
injured [índʒərd]	形傷ついた	
inn [in]	名宿(屋)	
inner [ínər]	形内的な	
insect [ínsekt]	名こん虫	
inside [insáid]	前～の中に(で), ～の内側に(で) 名内側 副中に, 内部に	
instead [instéd]	副かわりに	

intelligent [intélidʒənt]	形りこうな	
interested [íntristid]	形興味をもって	
interesting [íntristiŋ]	形おもしろい	
international [intə(ː)rnǽʃənl]	形国際的な	
into [íntu(ː)]	前①～の中へ ②～に(する, なる)	
introduce [intrədjúːs]	動紹介する	
invent [invént]	動発明する	
invention [invénʃən]	名発明	
invitation [invitéiʃən]	名招待	
invite [inváit]	動招待する	
iron [áiən]	名鉄 形鉄の	
island [áilənd]	名島	
Italy [ítəli]	名イタリア	
it'll [ítl]	=it will	
its [its]	代その	
it's [its]	=it has, it is	
itself [itsélf]	代それ自身	
I've [aiv]	=I have	

― J ―

jacket [dʒǽkit]	名短い上着, ジャケット	
January [dʒǽnjuəri]	名一月(Jan. と略す)	
Japan [dʒəpǽn]	名日本	
Japanese [dʒæpəníːz]	形①日本(人)の ②日本語の 名①日本人 ②日本語	
job [dʒɑb]	名仕事, 職	
join [dʒɔin]	動加わる	
joke [dʒouk]	名冗談, しゃれ	

英単語	発音	意味
journey	[dʒə́ːrni]	名旅行
joy	[dʒɔi]	名喜び
judge	[dʒʌdʒ]	名審査員, 審判員
July	[dʒu(ː)lái]	名七月(Jul. と略す)
jump	[dʒʌmp]	動とぶ, はねる
June	[dʒuːn]	名六月(Jun. と略す)
junior	[dʒúːnjər]	形年少の, 下級の
jupiter	[dʒúːpitər]	名木星
just	[dʒʌst]	副①まさに, ちょうど ②ただ〜だけ
justice	[dʒʌ́stis]	名正義, 正しいさばき

— K —

keep	[kiːp]	動①保つ, 取っておく ②〜し続ける ③飼う ④〜の状態にしておく
keeper	[kíːpər]	名守る人, 管理人
kept	[kept]	動keep の過去, 過去分詞
key	[kiː]	名かぎ
kill	[kil]	動殺す
kick	[kik]	動ける
kind	[kaind]	形親切な, やさしい 名種類
kindness	[káindnis]	名親切
king	[kiŋ]	名王
kitchen	[kítʃin]	名台所, 勝手
knew	[njuː]	動know の過去
knit	[nit]	動編む
knives	[naivz]	名knife の複数形
knock	[nak]	動ノックする, 打つ
know	[nou]	動知る, 知っている
knowledge	[nálidʒ]	名知識
known	[noun]	動know の過去分詞

— L —

lady	[léidi]	名婦人
laid	[leid]	動lay の過去, 過去分詞
lain	[lein]	動lie の過去分詞
lake	[leik]	名湖
lamp	[læmp]	名ランプ, スタンド
language	[læŋgwidʒ]	名言語
land	[lænd]	名土地, 陸地 動①着陸する ②陸揚げする
large	[lɑːrdʒ]	形大きな
last	[læst]	形①この前の ②最後の
late	[leit]	副おそく 形おそい
lately	[léitli]	副このごろ, 最近
later	[léitər]	副①late の比較級 ②あとで 形もっとおそい
laugh	[læf]	動笑う
law	[lɔː]	名①法律 ②法則
lay	[lei]	動①横たえる, 置く ②(卵を)生む
lay	[lei]	動lie の過去
lazy	[léizi]	形怠けものの, 怠惰な
lead	[liːd]	動導く, 通じる
leader	[líːdər]	名指導者
leaf	[liːf]	名木の葉(単数)
learn	[ləːrn]	動覚える, まなぶ
least	[liːst]	形副一番少ない(少なく) (little の最上級)
leave	[liːv]	動①去る ②残す
led	[led]	動lead の過去, 過去分詞
left	[left]	名左 形左の
left	[left]	動leave の過去, 過去分詞

英単語			
leg [leg]	名脚, すね	London [lʌ́ndən]	名ロンドン
lend [lend]	動貸す	lonely [lóunli]	形①ひとりぼっちの ②さびしい
lent [lent]	動lend の過去, 過去分詞	long [lɔŋ]	副長く, 長い間 形長い
less [les]	形副より少ない（少なく）(little の比較級)	look [luk]	動〜に見える, (〜を)見る
lesson [lésn]	名授業, 課	loose [lu:s]	形ゆるい, ゆるんだ
let [let]	動〜させる	lose [lu:z]	動失う
let's [lets]	=let us (〜しよう)	lost [lɔst]	動lose の過去, 過去分詞
letter [létər]	名①手紙 ②文字	lot [lɑt]	名たくさん
liberty [líbərti]	名自由	loud [laud]	形(声や音が)大きい
library [láibrəri]	名図書館	love [lʌv]	動愛する, かわいがる 名愛
license [láisns]	名免許証		
lie [lai]	動①横たわる ②位置する 名うそ	lovely [lʌ́vli]	形美しい, すばらしい
life [laif]	名①生活 ②人生 ③生命	low [lou]	形低い
		luck [lʌk]	名運, 幸運
lifetime [láiftaim]	名一生, 生がい	lucky [lʌ́ki]	形幸運な
		lunch [lʌntʃ]	名昼食, 弁当
lift [lift]	動もち上げる	lying [láiiŋ]	動lie の現在分詞
light [lait]	形①明るい ②軽い 名光		

— M —

lighthouse [láithaus]	名灯台	ma'am [mæm]	名奥さま, 夫人 (madam の短縮形)
lightning [láitniŋ]	名いなづま	machine [məʃíːn]	名機械
like [laik]	動好む 形〜のような 副〜のように	made [meid]	動make の過去, 過去分詞
		magazine [mægəzíːn]	名雑誌
lily [líli]	名ゆり		
limit [límit]	名限度, 制限	magic [mǽdʒik]	名奇術
line [lain]	名①線 ②列 ③つり糸	magician [mədʒíʃən]	名奇術師
lip [lip]	名くちびる		
listen [lísn]	動(よく注意して)聞く	magnet [mǽgnit]	名磁石
little [lítl]	名少量, わずか 形副少し(の)	mail [meil]	名郵便
		mailman [méilmən]	名郵便配達人
live [liv]	動①生きる ②住む		
living [líviŋ]	名①くらし ②生計	make [meik]	動①作る ②〜を(に)…させる(する)
loaf [louf]	名(パンの)1かたまり		
lock [lɑk]	名錠 動錠をおろす		

見出し	発音	意味
man	[mæn]	名①男の人 ②人間 ③おとな
manner	[mǽnər]	名①方法 ②作法
many	[méni]	形多くの，多数の
map	[mæp]	名地図
March	[mɑ́ːrtʃ]	名三月(Mar. と略す)
mark	[mɑːrk]	名印，マーク
market	[mɑ́ːrkit]	名市場
marriage	[mǽridʒ]	名結婚
married	[mǽrid]	形結婚した
marry	[mǽri]	動結婚させる，結婚する
mask	[mæsk]	名仮面，マスク
master	[mǽstər]	名主人
match	[mætʃ]	名①試合 ②マッチ
mathematics	[mæθimǽtiks]	名数学
matter	[mǽtər]	名問題，事件
May	[mei]	名五月
may	[mei]	動①〜してもよい ②〜かもしれない ③〜できる
maybe	[méibi]	副たぶん
me	[miː, mi]	代私を(に)
meal	[miːl]	名食事
mean	[miːn]	動意味する
meant	[ment]	動mean の過去，過去分詞
measure	[méʒər]	名ものさし 動はかる
meat	[miːt]	名肉
medicine	[médisin]	名薬
meet	[miːt]	動会う
meeting	[míːtiŋ]	名集会，会合
member	[mémbər]	名一員，会員
memory	[méməri]	名記憶
men	[men]	名man の複数形
mend	[mend]	動修理する
merchant	[mə́ːrtʃənt]	名商人
merciful	[mə́ːrsifəl]	形慈悲深い
mercy	[mə́ːrsi]	名慈悲
merry	[méri]	形陽気な，楽しい
merrily	[mérili]	副楽しく
message	[mésidʒ]	名(紙に書いた)伝言
met	[met]	動meet の過去，過去分詞
mice	[mais]	名mouse (はつかねずみ)の複数形
middle	[mídl]	名まん中，中央
midnight	[mídnait]	名真夜中
might	[mait]	動may の過去
mile	[mail]	名マイル(約1.6km)
million	[míljən]	名百万
mind	[maind]	名心 動気にする
mine	[main]	代私のもの
minute	[mínit]	名①分 ②瞬間
mirror	[mírər]	名鏡
miss	[mis]	動①〜しそこなう ②(乗物に)おくれる ③(いなくて)さびしく思う
mistake	[mistéik]	名まちがい
mix	[miks]	動まぜる
model	[mɑ́dl]	名模型，型
modern	[mɑ́dərn]	形現代の
mom	[mɑm]	名(小児語)お母ちゃん
moment	[móumənt]	名瞬間
Monday	[mʌ́ndi]	名月曜日
money	[mʌ́ni]	名お金
month	[mʌnθ]	名月(一月，二月の)
monument	[mɑ́njumənt]	名記念碑，記念物
moon	[muːn]	名月

英単語			
moonlight [múːnlait]	名月光	mystery [místəri]	名神秘, ふしぎなこと
more [mɔːr]	副①(much の比較級) もっと ②さらに多く 形(many の比較級) もっと多くの	— N —	
		nail [neil]	名①くぎ ②つめ
most [moust]	副①(much の最上級) もっとも ②一番多く 形①(many の最上級) もっとも多い ②たいていの	name [neim]	動名づける 名名まえ
		narrow [nǽrou]	形せまい
		nation [néiʃən]	名国家
		national [nǽʃənəl]	形国(立)の
		natural [nǽtʃərəl]	形天然の, 自然の
motorcycle [móutərsaikl]	名オートバイ	naturally [nǽtʃərəli]	副自然に
mountain [máuntin]	名山	nature [néitʃər]	名自然
		near [niər]	副近くに 前〜の近くに
mouse [maus]	名ねずみ		
mouth [mauθ]	名口	nearly [níərli]	副ほとんど
move [muːv]	動①引っ越す, 動く ②動かす	necessary [nésisəri]	形必要な
movement [múːvmənt]	名動き	neck [nek]	名首
		need [niːd]	動必要とする, 必要である
movie [múːvi]	名映画		
Mt. [maunt]	名〜山(Mount の略)	neighbo(u)r [néibər]	名近所の人
much [mʌtʃ]	形多くの, 多量の		
mud [mʌd]	名どろ	neither [níːðər]	形代どちらも〜でない
museum [mjuː(ː)zíəm]	名博物館, 美術館	nervous [nə́ːrvəs]	形いらいらして
		nest [nest]	名巣
music [mjúːzik]	名音楽	net [net]	名網, ネット
musician [mjuː(ː)zíʃən]	名音楽家	never [névər]	副①けっして〜ない ②一度も〜ない
must [mʌst]	助〜しなければならない	new [njuː]	形新しい
mustn't [mʌ́snt]	=must not	news [njuːz]	名ニュース
my [mai]	代私の 間Oh, my! まあ／あら／	newspaper [njúːzpeipər]	名新聞
		New York [njúː jɔ́ːrk]	名ニューヨーク
myself [maisélf]	代私自身	next [nekst]	形次の
mysterious [mistíəriəs]	形神秘的な, ふしぎな	nice [nais]	形よい, すばらしい

nicely [náisli]	副気持ちよく	**obey** [əbéi]	動従う
nickname [níkneim]	名あだ名	**ocean** [óuʃən]	名大海
night [nait]	名夜, 夜間	**o'clock** [əklák]	名〜時(じ)(of the clock の略)
nineteen [náintíːn]	名形19(の)	**October** [aktóubər]	名十月(Oct. と略す)
nineteenth [náintíːnθ]	名形第19番め(の)	**of** [ɔv, əv]	前〜の
		off [ɔ(ː)f]	副離れて
ninetieth [náintiθ]	名形第90番め(の)	**office** [áfis]	名①事務所 ②会社 ③役所
ninety [náinti]	名形90(の)	**official** [əfíʃəl]	形公の, 公式の
ninth [nainθ]	名形第9番め(の)	**often** [ɔ́(ː)fn]	副しばしば
no [nou]	形ひとつ(ひとり)も〜ない	**oh** [ou]	間おお
	副いいえ	**oil** [ɔil]	名油
noble [nóubl]	形けだかい, 高貴な	**old** [ould]	形①年をとった ②古い
nobody [nóubadi]	代だれも〜でない	**on** [an]	前①〜の上に ②〜に乗って ③〜について ④〜にかかって
noise [nɔiz]	名(騒)音		
noisy [nɔ́izi]	形さわがしい, やかましい		
nonsense [nánsens]	名ばかげたこと	**once** [wʌns]	副①かつて, 以前に ②いちど
noon [nuːn]	名正午	**only** [óunli]	副〜だけ
north [nɔːrθ]	名北 形北の	**open** [óupən]	動①開く ②開ける 形開いている
nose [nouz]	名鼻	**operate** [ápəreit]	動①手術する ②操作する
nothing [nʌ́θiŋ]	代何も〜ない		
notice [nóutis]	名①注意 ②掲示 動注意する	**or** [ɔːr]	接①あるいは, または ②(命令文のあと)そうしないと
November [nouvémbər]	名十一月(Nov. と略す)	**order** [ɔ́ːdər]	名①命令 ②順序 動命令する
now [nau]	副①今 ②さて, ところで	**other** [ʌ́ðər]	形別の, 他の
number [nʌ́mbər]	名番号, 数	**our** [áuər]	代私たちの
nurse [nəːrs]	名看護婦	**ours** [áuərz]	代私たちのもの
nut [nʌt]	名くるみ	**ourselves** [auərsélvz]	代私たち自身
		out [aut]	副外へ(で) 形外部の, 外側の
— O —		**outside** [áutsáid]	前〜の外に(で) 名形外側(の)
oak [ouk]	名かしの木		

英単語	
over [óuvər]	前①～の上に ②越えて ③一面に 副①終わって ②越えて ③一面に
overcome [ouvərkʌ́m]	動圧倒する
own [oun]	動所有する，所持する 形自身の
ox [ɑks]	名雄牛

— P —

Pacific [pəsífik]	形太平洋の the Pacific 太平洋
package [pǽkidʒ]	名小包み，包み
paid [peid]	動pay の過去，過去分詞
pain [pein]	名痛み
paint [peint]	動(絵を)描く 名ペンキ，絵の具
painter [péintər]	名画家
painting [péintiŋ]	名絵
pair [peər]	名対
palace [pǽlis]	名宮殿
panel [pǽnəl]	名(討論会の)一団，顔ぶれ，パネル
paper [péipər]	名紙
parade [pəréid]	名パレード
pardon [pɑ́ːrdn]	名ゆるすこと 動ゆるす
parent [péərənt]	名親
Paris [pǽris]	名パリ
park [pɑːrk]	名公園
parliament [pɑ́ːrləmənt]	名(イギリス，カナダの)議会，国会
parrot [pǽrət]	名おうむ
part [pɑːrt]	名①部分，部品 ②役，役割
part-time [pɑ́ːrttaim]	形パートタイムの
party [pɑ́ːrti]	名パーティー，会

passenger [pǽsindʒər]	名乗客
pass [pæs]	動①通る ②すごす ③合格する
past [pæst]	前～を過ぎて，～過ぎ 名過去
pay [pei]	動支払う
peace [piːs]	名平和
peaceful [píːsfəl]	形平和な
peach [piːtʃ]	名もも
pearl [pəːrl]	名真珠
penny [péni]	名1ペニー(英国の銅貨，100分の1ポンド)
people [píːpl]	名人々
percent [pərsént]	名100分の1，パーセント
perfect [pə́ːrfikt]	形完全な
perhaps [pərhǽps]	副たぶん，おそらく
period [pí(ː)riəd]	名①時間，期間 ②ピリオド
person [pə́ːrsn]	名人
pet [pet]	名ペット
phone [foun]	名電話 動電話をかける
photo [fóutou]	名写真
photograph [fóutəgræf]	名写真 動写真にとる
phrase [freiz]	名語句，文句
pianist [piǽnist]	名ピアニスト
pick [pik]	動①拾う ②つむ
picnic [píknik]	名ピクニック
picture [píktʃər]	名①絵 ②写真
piece [piːs]	名一きれ，一片
pig [pig]	名ぶた
pilgrim [pílgrim]	名巡礼者
pilot [páilət]	名操縦士
pioneer [paiəníər]	名開拓者
pitcher [pítʃər]	名ピッチャー
place [pleis]	名住所，場所

plan [plæn]	名 図面, 計画 / 動 計画する
planned [plænd]	動 plan の過去, 過去分詞
plane [plein]	名 飛行機
planet [plǽnit]	名 惑星
plant [plænt]	名 植物, 草木, 施設
plate [pleit]	名 ①皿 ②板
play [plei]	動 ①遊ぶ ②(運動を)する ③(楽器を)ひく
player [pléiər]	名 ①プレーヤー ②選手
playground [pléigraund]	名 運動場
pleasant [plézənt]	形 楽しい
please [pli:z]	動 ①喜ばせる ②どうぞ
pleasure [pléʒər]	名 楽しみ, 喜び
plenty [plénti]	名 多量, たくさん
p. m., P. M. [pí: ém]	(略)午後(ラテン語 post meridiem の略)
poem [póuim]	名 詩
point [pɔint]	名 点 / 動 さし示す
pole [poul]	名 ①極, 極地 ②柱
police [pəlí:s]	名 警察
policeman [pəlí:smən]	名 警官
policemen [pəlí:smən]	名 policeman の複数形
polite [pəláit]	形 礼儀正しい
pond [pand]	名 池
pool [pu:l]	名 ①水たまり ②プール
poor [puər]	形 貧しい
popular [pápjulər]	形 人気のある
population [pàpjuléiʃən]	名 人口
port [pɔ:rt]	名 港
possible [pɑsəbl]	形 可能な
post card [póust ka:rd]	名 郵便はがき
post office [póust áfis]	名 郵便局
postage [póustidʒ]	名 郵便料金
postal [póustəl]	形 郵便の
pot [pat]	名 つぼ, ポット
pound [paund]	名 (重量の単位)ポンド
power [páuər]	名 力
practice [præktis]	名 練習
praise [preiz]	動 ほめる
prepare [pripéər]	動 準備する
present [形名préznt] [動prizént]	形 ①出席して ②現在の / 名 ①贈り物 ②現在 / 動 贈る
president [prézidənt]	名 大統領, 会長
press [pres]	動 押す / 名 新聞, 出版物
pretty [príti]	形 ①美しい, きれいな ②かわいい
price [prais]	名 値段
priest [prí:st]	名 僧
prince [prins]	名 王子
princess [prínsis]	名 王女
principal [prínsipəl]	名 校長
prison [prízn]	名 刑務所
print [print]	名 印刷 / 動 印刷する
prize [praiz]	名 賞, 賞品(金)
probably [prábəbli]	副 おそらく
problem [práblem]	名 問題
professor [prəfésər]	名 (大学の)教授
program [próugræm]	名 番組
promise [prámis]	動 約束する / 名 約束

pronounce [prənáuns] 動発音する
protect [prətékt] 動保護する，守る
proud [praud] 形誇って
prove [pru:v] 動証明する，〜であることがわかる
public [pʌ́blik] 形公衆の
pull [pul] 動引く
pump [pʌmp] 名ポンプ
pupil [pjú:pil] 名生徒，教え子
purse [pə:rs] 名さいふ
push [puʃ] 動押す
put [put] 動①付ける，おく ②すえ(つけ)る
pyramid [pírəmid] 名ピラミッド

— Q —

quarter [kwɔ́:rtər] 名①4分の1 ②15分
queen [kwi:n] 名女王
question [kwéstʃən] 名問題
quick [kwik] 形はやい
quickly [kwíkli] 副急いで，速く
quiet [kwáiət] 形静かな，落ちついた 名沈黙
quietly [kwáiətli] 副静かに
quite [kwait] 副まったく

— R —

rabbit [rǽbit] 名うさぎ
race [reis] 名競争，競走
railroad [réilroud] 名鉄道線路，鉄道
rain [rein] 名雨 動雨が降る
rainbow [réinbou] 名にじ

rainy [réini] 形雨降りの
raise [reiz] 動①上げる ②建てる
ran [ræn] 動run（走る）の過去
rat [ræt] 名ねずみ
rather [rǽðər] 副むしろ
reach [ri:tʃ] 動着く
read [red] 動read [ri:d]（読む）の過去，過去分詞
ready [rédi] 形用意ができて
real [ri:l, riəl] 形本ものの，真実の
really [ríəli] 副ほんとうに
reason [rí:zn] 名理由
receive [risí:v] 動受けとる
record [名rékɔ:rd, 動rikɔ́:rd] 名①レコード ②記録 動①記録する ②録音する
recorder [rikɔ́:rdər] 名録音機
recreation [rekriéiʃən] 名気晴らし，娯楽
regard [rigá:rd] 名敬意
regular [régjulər] 形規則正しい，いつもの
remember [rimémbər] 動記憶する，思い出す
repair [ripɛ́ər] 動修理する，修繕する
repeat [ripí:t] 動くりかえす
reply [riplái] 動答える 名返事
report [ripɔ́:rt] 名報告，レポート
resource [risɔ́:rs] 名資源
respect [rispékt] 動尊敬する
rest [rest] 動休む 名休息
restaurant [réstərənt] 名料理店
restless [réstlis] 形落ち着かない，そわそわした
return [ritə́:rn] 動帰る，もどる
review [rivjú:] 名復習 動復習する

rice [rais]	名米			②ロシア語の
rich [ritʃ]	形金持ちの			名①ロシア人②ロシア語
riches [rítʃiz]	名富			
ridden [rídn]	動ride の過去分詞			— S —
ride [raid]	動乗る, 乗って行く			
right [rait]	副①まっすぐに, 正しく	sad [sæd]	形悲しい
	②ちょうど	sadly [sǽdli]	副さびしそうに, 悲しげに
	形正しい, 右の		
	名正しいこと, 右	safe [seif]	形安全な, 無事な
ring [riŋ]	動(電話などが)なる		名金庫
ripe [raip]	形熟した	safely [séifli]	副安全に, 無事に
rise [raiz]	動(起き)上がる	said [sed]	動say の過去, 過去分詞
risen [rízn]	動rise の過去分詞	sail [seil]	動航海する
river [rívər]	名川	sailor [séilər]	名船乗り, 水夫
road [roud]	名道路	saint [seint]	名聖者
robber [rábər]	名強盗	sale [seil]	名販売, 売却
rock [rɑk]	名岩	salt [sɔ:lt]	名塩
rode [roud]	動ride の過去	same [seim]	形同じの, 同様の
Roman [róumən]	形ローマ(人)の	sand [sænd]	名砂, 砂地
	名ローマ人	San Francisco	名サンフランシスコ
Rome [roum]	名ローマ	[sænfrənsískou]	
roof [ru:f]	名屋根, 屋上	sang [sæŋ]	動sing の過去
room [ru:m]	名①へや ②場所	sat [sæt]	動sit の過去, 過去分詞
rope [roup]	名なわ, ロープ	Saturday	名土曜日
rose [rouz]	動rise の過去	[sǽtərdi]	
	名ばら	save [seiv]	動救う
rough [rʌf]	形荒い, 荒々しい	saw [sɔ:]	動see の過去
round [raund]	副①まわりに		名のこぎり
	②まわって	say [sei]	動いう, 話す
	形まるい		名いい分
route [ru:t]	名道, 路線, 航路	saying [séiiŋ]	名ことわざ
row [rou]	動(舟を)こぐ	scene [si:n]	名場面, 光景
rubber [rʌ́bər]	名ゴム, 消しゴム	scholar [skálər]	名学者
rule [ru:l]	名規則	schoolyard	名校庭
	動支配する	[skú:ljɑ:rd]	
ruler [rú:lər]	名ものさし, 定木	science [sáiəns]	名科学, 理科
run [rʌn]	動①走る ②動く	scientific	形科学的な
rush [rʌʃ]	動突進する	[saiəntífik]	
Russia [rʌ́ʃə]	名ロシア	scientist	名科学者
Russian [rʌ́ʃən]	形①ロシア(人)の	[sáiəntist]	

英単語		
scold [skould]	動しかる，小言を言う
score [skɔ:r]	名得点
screen [skri:n]	名スクリーン，映写幕
sculpture [skʌlptʃər]	名彫刻(品)
sea [si:]	名海
seaside [sí:said]	名海辺
season [sí:zn]	名季節
seat [si:t]	名座席，席
second [sékənd]	名①秒 ②第2番め 形第2番めの
secret [sí:krit]	形秘密の
see [si:]	動①見る ②わかる ③会う ④よく調べる，診察する
seed [si:d]	動種をまく 名種
seem [si:m]	動(〜と)思われる
seen [si:n]	動see の過去分詞
sell [sel]	動売る
send [send]	動送る
sense [sens]	名①感覚 ②意味
sent [sent]	動send の過去，過去分詞
sentence [séntəns]	名文
September [septémbər]	名九月(Sep. と略す)
servant [sə́:rvənt]	名召使い，使用人
serve [sə:rv]	動役に立つ，奉仕する
service [sə́:rvis]	名奉仕，世話
set [set]	動①おく ②(太陽などが)しずむ ③〜にする
seventeen [sèvntí:n]	名形17(の)
seventeenth [sèvntí:nθ]	名形第17番め(の)
seventh [sévnθ]	名形第7番め(の)
seventieth [sévntiθ]	名形第70番め(の)
seventy [sévnti]	名形70(の)
several [sévrəl]	形いくつかの
sew [sou]	動縫う
shadow [ʃǽdou]	名影
shake [ʃeik]	動ゆれる，ゆする
shall [ʃæl, ʃəl]	助〜でしょう(未来に用いる)
shape [ʃeip]	名形
share [ʃeər]	動分け合う，ともにする
sharp [ʃɑ:rp]	形①鋭い ②りこうな
sheep [ʃi:p]	名羊
she'll [ʃi:l]	=she will
sheet [ʃi:t]	名①(紙などの)1枚 ②敷布
shelf [ʃelf]	名たな
shilling [ʃíliŋ]	名シリング(英貨の単位，20分の1ポンド)
shine [ʃain]	動輝く，照る
ship [ʃip]	名船
shirt [ʃə:rt]	名シャツ
shoe(s) [ʃu:(z)]	名くつ
shone [ʃoun]	動shine の過去，過去分詞
shoot [ʃu:t]	動矢のように走る
shop [ʃap]	名店 動買い物をする
shopping [ʃápiŋ]	名買い物
shore [ʃɔ:r]	名岸
short [ʃɔ:rt]	形①短い ②背がひくい
should [ʃud, ʃəd, ʃd]	助〜すべきである
shoulder [ʃóuldər]	名肩
shouldn't [ʃúdnt]	=should not
shout [ʃaut]	動叫ぶ，大声で言う
shovel [ʃʌ́vl]	名シャベル
show [ʃou]	動①示す ②案内する 名ショー，見せ物

showed [ʃoud]	動show の過去	sleepy [slí:pi]	形ねむい
shown [ʃoun]	動show の過去分詞	slept [slept]	動sleep の過去, 過去分詞
shut [ʃʌt]	動しめる, 閉じる		
sick [sik]	形気分が悪い, 病気の	slide [slaid]	名(幻灯用の)スライド
side [said]	名側, 面	slow [slou]	形おそい
sight [sait]	名①視界 ②光景, 風景	slowly [slóuli]	副ゆっくり
sign [sain]	名①信号 ②符号, 印	small [smɔ:l]	形小さい
	動署名する	smell [smel]	名におい
signal [sígnəl]	名信号		動においをかぐ
silence [sáiləns]	名沈黙	smile [smail]	動ほほえむ
silent [sáilənt]	形静かな		名ほほえみ
silver [sílvər]	形①銀の ②銀婚式の	smoke [smouk]	名煙
simple [símpl]	形簡単な, 単純な	snake [sneik]	名へび
since [sins]	前〜から, 〜以来	snow [snou]	名雪
sincerely	副①まじめに		動雪が降る
[sinsíərli]	②敬具(手紙に用いる)	so [sou]	副①そう ②そんなに
sing [siŋ]	動歌う		③非常に
singer [síŋər]	名歌い手		接それで, だから
sink [siŋk]	動沈む	soap [soup]	名石けん
sir [sə:r]	名目上の男の人に対する敬称	social [sóuʃəl]	形社会の
		sock [sak]	名短い靴下
sit [sit]	動すわる	soft [sɔft]	形①やわらかい
sixteen [síkstí:n]	名形16(の)		②静かな
sixteenth	名形第16番め(の)	sold [sould]	動sell の過去, 過去分詞
[síkstí:nθ]		soldier [sóuldʒər]	名兵隊
sixth [siksθ]	名形第6番め(の)	some [sʌm, səm]	代いくらか, いく人か
sixtieth [síkstiθ]	名形第60番め(の)		形いくらかの
sixty [síksti]	名形60(の)	somebody	代だれか(肯定)
size [saiz]	名大きさ	[sʌ́mbɑdi]	
skate [skeit]	名スケート	someone	代だれか(肯定)
	動スケートをする	[sʌ́mwʌn]	
skating [skéitiŋ]	名スケート	something	代なにか, あるもの(こと)
skeleton [skélitn]	名がい骨	[sʌ́mθiŋ]	
ski [ski:]	名スキー	sometimes	副ときどき
	動スキーをする	[sʌ́mtaimz]	
skin [skin]	名皮膚	somewhere	副どこかへ
sky [skai]	名空	[sʌ́mheər]	
slave [sleiv]	名どれい	son [sʌn]	名むすこ
sleep [sli:p]	動眠る	sonar [sóunɑ:r]	名音波探知機
	名睡眠	sonata [sənɑ́:tə]	名ソナタ, 奏鳴曲

英単語			
song [sɔŋ]	名歌	stagecoach [stéidʒkoutʃ]	名駅馬車
soon [su:n]	副すぐに，まもなく	stamp [stæmp]	名切手
sorry [sɔ́ri]	形残念な，きのどくに思って	stand [stænd]	動立つ 名①〜台 ②売店 ③観らん席
sound [saund]	動①聞こえる ②鳴る，ひびく 名音	star [stɑ:r]	名星
soup [su:p]	名スープ	start [stɑ:rt]	動①出かける ②始める
south [sauθ]	名南 形南の	state [steit]	名①国家，国 ②州
space [speis]	名宇宙	station [stéiʃən]	名①駅 ②局，署
spaceship [spéisʃip]	名宇宙船	statue [stǽtʃu:]	名像
Spain [spein]	名スペイン	stay [stei]	動とどまる，じっとしている，滞在する
Spanish [spǽniʃ]	形スペインの，スペイン人の	steal [sti:l]	動ぬすむ
speak [spi:k]	動話す	steel [sti:l]	名鋼鉄
speaker [spí:kər]	名話す人，話し手	steam [sti:m]	名蒸気
spear [spiər]	動やりで刺す，やりで突く	step [step]	名①進歩 ②歩み 動歩く
special [spéʃəl]	形特別の	stick [stik]	名棒
speech [spi:tʃ]	名①話し方 ②話	still [stil]	形静かな 副なお，まだ
speed [spi:d]	名スピード，速度	stocking [stákiŋ]	名長い靴下
spell [spel]	動(語を)つづる，(つづりを)言う(書く)	stomach [stʌ́mək]	名胃，腹(部)
spend [spend]	動使う，費やす	stone [stoun]	名石
spent [spent]	動spend の過去，過去分詞	stood [stud]	動standの過去，過去分詞
spider [spáidər]	名〖虫〗くも	stop [stɑp]	動①やめる，やむ ②とめる，とまる
spirit [spírit]	名①精神 ②霊	store [stɔ:r]	名店 動たくわえる
spoke [spouk]	動speak の過去	storm [stɔ:rm]	名あらし
spoken [spóukn]	動speak の過去分詞	story [stɔ́:ri]	名①物語 ②階
spoon [spu:n]	名スプーン，さじ	straight [streit]	副まっすぐに
sport [spɔ:rt]	名スポーツ	strange [streindʒ]	形奇妙な，風変わりな
spread [spred]	動ひろげる	stranger [stréindʒər]	名①見知らぬ人 ②外国人
spring [spriŋ]	名春	straw [strɔ:]	名わら
square [skweər]	名形正方形(の)	stream [stri:m]	名流れ，小川
St. [stri:t]	名Street の略	street [stri:t]	名街(路)，通り
stage [steidʒ]	名ステージ，舞台	streetcar [strí:tkɑ:r]	名市街電車

strike [straik]	動打つ
strong [strɔŋ]	形強い，じょうぶな
struck [strʌk]	動strike の過去，過去分詞
student [stjú:dənt]	名学生，生徒
study [stʌ́di]	動研究する，勉強する 名①勉強 ②学問
stupid [stjú:pid]	形ばかな
subject [sʌ́bdʒikt]	名学科
submarine [sʌ́bməri:n]	名潜水艦
suburb [sʌ́bə:rb]	名郊外
subway [sʌ́bwei]	名地下鉄，地下道
succeed [səksí:d]	動成功する
success [səksés]	名成功
successful [səksésfəl]	形成功した，及第した
such [sʌtʃ]	形そのような
suddenly [sʌ́dnli]	副とつぜん
sugar [ʃúgər]	名砂糖
suit [s(j)u:t]	動(服装などが)〜に似合う 名スーツ
summer [sʌ́mər]	名夏
sun [sʌn]	名太陽，日光
Sunday [sʌ́ndi]	名日曜日
sung [sʌŋ]	動sing の過去分詞
sunny [sʌ́ni]	形日のよく当たる
sunshine [sʌ́nʃain]	名日光
superhighway [sú:pərháiwei]	名高速道路
supper [sʌ́pər]	名夕食
suppose [səpóuz]	動想像する
sure [ʃuər]	形①必ず〜する ②確信して，信じて
surely [ʃúərli]	副きっと
surprise [sərpráiz]	動驚かす 名(思いがけない)贈り物
surprised [sərpráizd]	形おどろいて
swam [swæm]	動swim の過去
swan [swan]	名〔鳥〕はくちょう
sweater [swétər]	名セーター
sweep [swi:p]	動はく，きれいにする
sweet [swi:t]	形あまい，おいしい
swim [swim]	動泳ぐ
swing [swiŋ]	動振動する 名振動，揺れ
switch [switʃ]	名スイッチ 動スイッチをひねる
swum [swʌm]	動swim の過去分詞
symbol [símbəl]	名象徴，シンボル
system [sístim]	名制度，組織

— T —

tail [teil]	名(動物の)尾，しっぽ
take [teik]	動①取る ②持って行く，連れて行く ③(時間を)取る，かける
taken [teikn]	動take の過去分詞
talk [tɔ:k]	動話す 名話
tall [tɔ:l]	形背が高い
tank [tæŋk]	名タンク，水そう
tape [teip]	名テープ
taste [teist]	動味わう
taught [tɔ:t]	動teachの過去,過去分詞
taxi [tæksi]	名タクシー
tea [ti:]	名(紅)茶
teach [ti:tʃ]	動教える
team [ti:m]	名チーム
tear [tiər]	名涙
teeth [ti:θ]	名tooth (歯) の複数形
telegram [téligræm]	名電報

| 英単語 |

telephone [télifoun]　名電話
tell [tel]　動話す，告げる
temperature [témp(ə)rətʃər]　名温度，気温
tenth [tenθ]　名形第10番め(の)
terrible [térəbl]　形ひどい，恐ろしい
test [test]　名試験，実験
　　　　　　　動ためす
textbook [tékstbuk]　名教科書
than [ðæn, ðən]　接～よりも
thank [θæŋk]　動感謝する，礼を言う
　　　　　　　名感謝
that [ðæt, ðət]　代あれは
　　　　　　　形あの
　　　　　　　接～と，～ということ
　　　　　　　他に関係代名詞として
theater [θíːətər]　名劇場
their [ðeər]　代かれらの，それらの
theirs [ðeərz]　代かれらのもの
them [ðem, ðəm]　代かれらを(に)，それらを(に)
themselves [ðəmsélvz]　代himself, herself, itself の複数形
then [ðen]　副①それから　②そのとき　③そこで
there [ðeər]　副①そこに　②それ，そら
there's [ðeərz]　=there is
these [ðiːz]　(this の複数形)
　　　　　　　代これらは(が)，これらを
　　　　　　　形これらの
they [ðei]　代かれらは(が)，それらは(が)
thick [θik]　形①厚い　②太い
thin [θin]　形①薄い　②細い
thing [θiŋ]　名もの，こと

think [θiŋk]　動思う，考える
third [θəːrd]　名形第3番め(の)
thirsty [θə́ːrsti]　形のどのかわいた
thirteen [θə̀ːrtíːn]　名形13(の)
thirteenth [θə̀ːrtíːnθ]　名形第13番め(の)
thirtieth [θə́ːrtiiθ]　名形第30番め(の)
thirty [θə́ːrti]　名形30(の)
those [ðouz]　代①あれらは(を，に)　②人々
　　　　　　　形あれらの
though [ðou]　接～だけれども
thought [θɔːt]　動thinkの過去，過去分詞
thousand [θáuzənd]　名形1,000(の)
threw [θruː]　動throw の過去
throat [θrout]　名のど
through [θruː]　前①～の端から端まで　②～を通して
throw [θrou]　動投げる
thrown [θroun]　動throw の過去分詞
Thursday [θə́ːrzdi]　名木曜日
ticket [tíkit]　名切符，乗車券
tie [tai]　動むすぶ
tiger [táigər]　名とら
till [til]　前～まで
time [taim]　名①時　②時代
tin [tin]　名すず
tiny [táini]　形たいへん小さい
tired [táiərd]　形疲れて
to [tuː, tu, tə]　前～へ(に，まで)
today [tədéi]　名副今日(は)
together [təgéðər]　副いっしょに
told [tould]　動tell の過去，過去分詞
tomorrow [təmáro(u)]　名副あす

tongue [tʌŋ]	名①舌 ②国語
tonight [tənáit]	名副今晩
too [tu:]	副①もまた ②あまりに〜すぎる
took [tuk]	動take の過去
tool [tu:l]	名道具，工具
tooth [tu:θ]	名歯(単数)
top [tɑp]	名①てっぺん ②頂上
topic [tápik]	名話題，論題
torch [tɔ:rtʃ]	名あかり，たいまつ
tortoise [tɔ́:rtəs]	名かめ
touch [tʌtʃ]	動さわる
toward(s) [tɔ:rd(z), təwɔ́:rd]	前〜のほうへ
tower [táuər]	名塔
town [taun]	名町
toy [tɔi]	名おもちゃ 形おもちゃの
trade [treid]	名商業，取り引き
traffic [trǽfik]	名交通
train [trein]	動訓練する 名列車
translate [trænsléit]	動翻訳する
travel [trǽvl]	動旅行する 名旅行
treasure [tréʒər]	名宝
tree [tri:]	名木
tremble [trémbl]	動ふるえる
trip [trip]	名旅行
trouble [trʌ́bl]	名困ったこと
true [tru:]	形真実の，ほんとうの
truly [trú:li]	副①ほんとうに，誠実に ②敬具(手紙文に用いる)
truth [tru:θ]	名真実，真理
try [trai]	動試みる
Tuesday [tjú:zdi]	名火曜日
tunnel [tʌ́nl]	名トンネル
turkey [tə́:rki]	名七面鳥(の肉)
turn [tə:rn]	動①まわる ②まわす ③ふり向く
TV [tí:ví:]	名=television
twelfth [twelfθ]	名形第12番め(の)
twelve [twelv]	名形12(の)
twentieth [twéntiiθ]	名形第20番め(の)
twenty [twénti]	名形20(の)
twice [twais]	副二度

— U —

ugly [ʌ́gli]	形みにくい
umbrella [ʌmbrélər]	名こうもり傘
uncle [ʌ́ŋkl]	名おじ
under [ʌ́ndər]	前〜の下に
understand [ʌndərstǽnd]	動理解する，わかる
understood [ʌndərstúd]	動understand の過去，過去分詞
unhappiness [ʌnhǽpinis]	名不幸
unhappy [ʌnhǽpi]	形不幸な
United States [ju:náitid stéits]	名合衆国
universe [jú:nivə:rs]	名宇宙
university [ju:nivə́:rsiti]	名大学
until [əntíl]	前接〜まで
up [ʌp]	副①上へ(に) ②〜のほうへ
upon [əpɔ́n]	前〜の上に(へ)
upstairs [ʌpstéərs]	副2階へ(で)
us [ʌs, əs]	代私たちを(に)

U. S. A. [júː és éi]	(略)アメリカ合衆国	war [wɔːr]	名戦争
use [動juːz, 名juːs]	動使う 名利用法, 用途	warm [wɔːrm]	形暖かい
useful [júːsfəl]	形役に立つ	was [wɑz, wəz]	動am, is の過去
usual [júːʒuəl]	形ふつうの	wash [wɑʃ]	動洗う
usually [júːʒuəli]	副ふつうは	Washington [wɑ́ʃiŋtən]	名ワシントン

— V —

vacation [veikéiʃən, vəkéiʃən]	名休暇, 休み
vain [vein]	形無益な
valley [vǽli]	名谷
valuable [vǽljuəbl]	形貴重な, たいせつな
various [vɛ́ːriəs]	形いろいろな
vase [veis]	名花びん
vegetable [védʒitəbl]	名野菜
very [véri]	副ひじょうに, たいへん
view [vjuː]	名けしき, ながめ
village [vílidʒ]	名村
violet [váiəlit]	名すみれ
visit [vízit]	動訪問する 名訪問
visitor [vízitər]	名訪問者
voice [vɔis]	名声
voyage [vɔ́iidʒ]	名航海

continued:

wasn't [wɑ́znt]	=was not
waste [weist]	動浪費する
watch [wɑtʃ]	名(腕・懐中)時計 動見る
water [wɑ́tər]	名水
wave [weiv]	名波
way [wei]	名①方法 ②道 ③方向
weak [wiːk]	形弱い
wealth [welθ]	名富, 財産
wear [wɛər]	動着る, かぶる, はく
weather [wéðər]	名天気
wedding [wédiŋ]	名結婚式
Wednesday [wénzdi]	名水曜日
week [wiːk]	名週
weight [weit]	名重さ, 目方
welcome [wélkəm]	動歓迎する
well [wel]	副よく, じょうずに 形健康な 間さあ, まあ
went [went]	動go の過去
were [wəːr, wər]	動are の過去
weren't [wəːrnt]	=were not
west [west]	名西 形西の
western [wéstərn]	形西の, 西部の
wet [wet]	形①ぬれた ②雨天の
whale [hweil]	名鯨
what [hwɑt]	代何 形なんの
what's [hwɑts]	=what is
wheat [hwiːt]	名小麦

— W —

wait [weit]	動待つ
wake [weik]	動起こす
walk [wɔːk]	動歩く 名散歩
wall [wɔːl]	名壁
wallet [wɑ́lit]	名さいふ, 札入れ
want [wɑnt]	動①欲する ②〜に用事がある

when [hwen]	接ときに	wise [waiz]	形賢い
	副①いつ	wish [wiʃ]	動願う
	②〔関係副詞〕先行詞が時を示す時に使う		名願い
		with [wið]	前①～といっしょに
where [hweər]	副①どこに(へ)		②～をもって
	②〔関係副詞〕先行詞が場所を示す時に使う		③～を用いて
			④～について
which [hwitʃ]	形どちらの	within [wiðín]	前①～の中に(で)
	代①どちら(が)		②以内に
	②〔関係代名詞〕先行詞がもの・動物の時に使う	without [wiðáut]	前～なしに, ～のない
		wives [waivz]	名wife の複数形
		woke [wouk]	動wake の過去
while [hwail]	名間, 時間	wolf [wulf]	名おおかみ
	接～する間	woman [wúmən]	名女(の人)
white [hwait]	形白い	women [wímin]	名woman の複数形
	名白	won [wʌn]	動win の過去, 過去分詞
who [hu:]	代①だれが	wonder [wʌ́ndər]	名驚異, 不思議
	②〔関係代名詞〕先行詞が人のときに使う	wonderful [wʌ́ndərfəl]	形すばらしい, ふしぎな
whole [houl]	形全体の	won't [wount]	=will not
whom [hu:m]	代①だれを(に)	wood [wud]	名①木
	②〔関係代名詞〕who の目的格		②(複数 woods で) 森
		wool [wul]	名羊毛, 毛糸
whose [hu:z]	代①だれの(もの)	word [wə:rd]	名単語, ことば
	②〔関係代名詞〕who の所有格	wore [wɔər]	動wear の過去
		work [wə:rk]	動①働く
why [hwai]	副なぜ, どうして		②勉強する
wide [waid]	形広い		名仕事, 働き
wife [waif]	名妻	worker [wə́:rkər]	名労働者, 働く人
wild [waild]	形未開の, 荒れはてた	world [wə:rld]	名世界
will [wil]	助①～でしょう	worn [wɔ:rn]	動wear の過去分詞
	②～するつもり(未来に用いる)	worried [wʌ́rid]	形困って
		worry [wʌ́ri]	動①心配する
win [win]	動得る, 取る		②心配させる
winner [wínər]	名勝者, 優勝者	worse [wə:rs]	形(bad, ill の比較級)もっと悪い
wind [wind]	名風		
windy [wíndi]	形風の吹く, 風の強い	worst [wə:rst]	形(bad, ill の最上級)一番悪い
wing [wiŋ]	名はね, つばさ		
winter [wíntər]	名冬	worth [wə:rθ]	形～だけの値うちがある
wire [wáiər]	名電信, 電線	would [wud]	助will の過去

wounded [wúːndid]	形傷ついた	yet [jet]	副もう, まだ 接それにもかかわらず, けれども
wreck [rek]	動難破させる		
write [rait]	動書く	young [jʌŋ]	形若い
writer [ráitər]	名作者, 作家	your [juər]	代あなた(がた)の
writing [ráitiŋ]	名文字	yours [juərz]	代あなた(がた)のもの
written [rítn]	動writeの過去分詞	yourself [juərsélf]	代あなた自身
wrong [rɔŋ]	形まちがった, わるい 名まちがい	yourselves [juərsélvz]	代yourselfの複数形
wrote [rout]	動writeの過去		

— Y —

— Z —

yard [jɑːrd]	名中庭	zero [zí(ː)rou]	名ゼロ
year [jiər]	名年, 歳	zip [zip]	名郵便番号
yellow [jélou]	形黄色い 名黄	zoo [zuː]	名動物園
yesterday [jéstərdi]	名副きのう		

入試対策　重要熟語

〈動詞中心の熟語〉

arrive at　〜に到着する	We *arrived at* the station about noon.（私たちは正午ごろ駅に着きました。）
be covered with　〜におおわれている	The top of Mt. Fuji *is covered with* snow.（富士山の頂上は雪でおおわれています。）
be going to　〜するつもり	I'*m going to* see him.（私は彼にあうつもりです。）
be interested in　〜に興味がある	*Are* you *interested in* history?（あなたは歴史に興味がありますか。）
be known to　〜に知られている	His name *is known to* everyone.（彼の名はみんなに知られています。）
be made from　（原料）から作られる	Wine *is made from* grapes.（ぶどう酒はぶどうから作られます。）
be made of　（材料）で作られる	The desk *is made of* wood.（その机は木で作られています。）
be pleased with　〜が気にいる	She *was pleased with* the doll.（彼女はその人形が気にいりました。）
be surprised at　〜におどろく	I *was surprised at* the news.（私はその知らせをきいておどろきました。）
belong to　〜に属する	We *belong to* the English club.（私たちは英語部に所属しています。）
call at　（場所）をたずねる	I'll *call at* her house tomorrow.（私は明日彼女の家をたずねるでしょう。）
call on　（人）を訪問する	He *called on* his teacher yesterday.（彼はきのう先生を訪問しました。）
get on　乗る	She was going to *get on* the bus.（彼女はバスに乗るところでした。）
get off　おりる	*Get off* at the next station.（次の駅でおりなさい。）
get to　〜に到着する	We *got to* New York last week.（私たちは先週ニューヨークに着きました。）

get well よくなる，回復する	He'll *get well* in a few days. （彼は2，3日でよくなるでしょう。）
give up あきらめる，やめる	He didn't *give up* his hope. （彼は希望をすてませんでした。）
go by 過ぎ去る	Many years *went by*. （いく年も過ぎ去った。）
go on 続ける	They *went on* talking to one another. （彼らはたがいに語りつづけました。）
had better 〜したほうがよい	You *had better* go home now. （あなたはいま帰宅したほうがよい。）
happen to たまたま〜する	I *happened to* see him on the street. （私は町でたまたま彼にあった。）
have to 〜しなければならない	We *have to* do our homework now. （私たちはいま宿題をしなければならない。）
laugh at 〜をあざ笑う	People *laughed at* him. （人々は彼をばかにして笑いました。）
listen to 〜をきく	Please *listen to* me carefully. （私のいうことをよくきいてください。）
look for 〜をさがす	What are you *looking for*? （あなたは何をさがしているのですか。）
look like 〜に似ている	What does it *look like*? （それは何に似ていますか。）
make up one's mind 決心する	He *made up his mind* to do so. （彼はそうすることに決心しました。）
put on 身につける，着る	She *put on* her best clothes. （彼女は一番よい服を着ました。）
put out 消す	I *put out* the fire and went to bed. （私は火を消して，寝ました。）
run after 追いかける	The cat *ran after* the mouse. （そのねこはねずみを追いかけた。）
run over （車が）〜をひく	The dog was *run over* by a car. （その犬は車にひかれました。）
take care of 〜に注意する，〜の世話をする	Can you *take care of* the birds? （あなたは小鳥の世話をすることができますか。）

take off ぬぐ	He *took off* his coat. (彼はコートをぬいだ。)
take part in 〜に参加する	They *took part in* the contest. (彼らは競技会に参加した。)
think of 〜のことを思う	I am always *thinking of* you. (私はいつもあなたのことを考えています。)
turn on (ラジオ, 電気などを) つける	Please *turn on* the light. (どうぞ電燈をつけてください。)
turn off (ラジオ, 電気などを) 消す	She *turned off* the radio before going to bed. (彼女は寝る前にラジオを消した。)
wait for 〜を待つ	I'll *wait for* you here tomorrow. (私はあしたここであなたを待ちます。)
would like to 〜したい	I *would like to* give you a present. (私はあなたに贈り物をあげたい。)

〈形容詞中心の熟語〉

a few 2, 3の, 少しの (数)	He has *a few* friends in this town. (彼はこの町に2, 3人の友だちがいます。)
a little 少しの (量)	There is *a little* water in the bottle. (びんの中に少し水が入っています。)
a lot of たくさんの (数・量)	He has *a lot of* money. (彼はたくさんのお金を持っています。)
lots of たくさんの (数・量)	She brought *lots of* flowers. (彼女はたくさんの花を持ってきました。)
plenty of たくさんの (数・量)	We have *plenty of* time. (私たちにはたっぷり時間があります。)
a number of いくつかの, 多くの	There are *a number of* schools in our city. (私たちの市にはいくつかの学校があります。)
a cup of (茶わん) 1ぱいの	Please give me *a cup of* tea. (どうぞお茶を1ぱいください。)
a glass of (コップ) 1ぱいの	Bring me *a glass of* water, please. (どうぞ水を1ぱい持ってきてください。)
a pair of 一組の, 一対の	I want to buy *a pair of* shoes. (私は1足の靴を買いたい。)

重要熟語

a piece of 一片の	Take *a piece of* chalk out of the box. (箱から白ぼくを1本出しなさい。)
a sheet of 1枚の	Here is *a sheet of* paper. (ここに1枚の紙があります。)
be able to 〜できる	She will *be able to* swim soon. (彼女はすぐに泳げるようになるでしょう。)
be absent from 〜を欠席する	Tom *was absent from* school yesterday. (トムはきのう学校を休みました。)
be afraid of 〜をこわがる	Don't *be afraid of* the dog. (その犬をこわがってはいけません。)
be different from 〜とちがう	My hobby *is different from* yours. (私の趣味はあなたのとちがいます。)
be famous for 〜で有名である	This park *is famous for* its beautiful pond. (この公園は美しい池で有名です。)
be fond of 〜が好きだ	Are you *fond of* playing tennis? (あなたはテニスをするのが好きですか。)
be full of 〜でいっぱいだ	The basket *was full of* apples. (そのかごはりんごでいっぱいだった。)
be good at (with) 〜が得意だ	Ned *is good at* skating. (ネッドはスケートが得意です。)
be late for 〜におくれる	I *was late for* school this morning. (私はけさ学校におくれました。)
be proud of 〜をじまんする	He *is proud of* his daughter. (彼は自分の娘をじまんしています。)
be sorry for 〜を気の毒に思う	I'*m sorry for* his death. (私は彼の死を気の毒に思います。)
be tired of 〜にあきる	We *were tired of* studying. (私たちは勉強にあきました。)

〈副詞中心の熟語〉

all over いちめんに	I want to travel *all over* the world. (私は世界中を旅行したい。)
because of 〜のために	We didn't go out *because of* the rain. (私たちは雨のために出かけなかった。)

each other たがいに	They looked at *each other*. (彼らはたがいに顔を見合わせました。)
enough to 〜するのに十分な	He is old *enough to* understand it. (彼はもう十分それがわかる年ごろです。)
How about〜? 〜はどうですか	*How about* playing baseball? (野球をしてはどうですか。)
no longer もはや〜でない	She is *no longer* a child. (彼女はもう子供ではありません。)
not always 必ずしも〜でない	The blackboards are *not always* black. (黒板は必ずしも黒いとはかぎらない。)
not〜all 全部〜とはかぎらない	I have*n't* read *all* the books. (私はその本をすべて読んだわけではない。)
not〜at all 少しも〜でない	I do*n't* know her *at all*. (私は彼女をぜんぜん知りません。)
of course もちろん	*Of course* he is an American. (もちろん彼はアメリカ人です。)
one another たがいに	They talked to *one another* for two hours. (彼らは2時間たがいに話し合った。)
one after another 次々に	They came out *one after another*. (彼らは次から次へと出てきました。)
one day ある日	*One day* we went to the park. (ある日私たちは公園へ行きました。)
over there むこうに	Look at the house *over there*. (むこうにある家をごらんなさい。)
some day いつか	I'll see you again *some day*. (いつかまたあなたにお目にかかります。)
the other day 先日	I met Mr. Green *the other day*. (私は先日グリーン氏にあいました。)

〈前置詞中心の熟語〉

after a while しばらくして	He began to sing *after a while*. (彼はしばらくして歌い始めました。)
after all 結局	*After all* he didn't come to the party. (結局彼は会に来ませんでした。)

after dark 日がくれてから	Don't go out *after dark*. (暗くなってから外出しないように。)
after school 放課後	Let's play tennis *after school*. (放課後テニスをしよう。)
at first 最初は	*At first* I couldn't understand it. (はじめ私はそれが理解できませんでした。)
at home 家に（で）	I will be *at home* tomorrow. (あした私は家にいます。)
at last ついに	*At last* he got a good idea. (ついに彼によい考えがうかびました。)
at once すぐに	Let's make a dog house *at once*. (すぐに犬小屋を作りましょう。)
before long まもなく	Tom will come back *before long*. (トムはまもなくもどってくるでしょう。)
by mistake まちがって	I put on his hat *by mistake*. (私はまちがって彼の帽子をかぶってしまった。)
by oneself ひとりで	She had lunch *by herself*. (彼女はひとりで昼食をたべました。)
by the way ついでに, ところで	*By the way*, what time is it? (ところで，何時ですか。)
for a long time 長い間	We waited for the bus *for a long time*. (私たちは長い間バスを待ちました。)
for example 例えば	I like sports—*for example*, tennis and baseball. (私はスポーツ—例えば，テニスや野球が好きです。)
for oneself 自分で	You must do it *for yourself*. (自分でそれをしなければいけません。)
for the first time 初めて	I wrote a letter in English *for the first time*. (私は初めて英語で手紙を書きました。)
in all 全部で	He has three balls *in all*. (彼は全部で3つボールを持っています。)
in front of 〜の前に	She stopped *in front of* the store. (彼女はその店の前で立ちどまりました。)
in order to 〜するために	They went to America *in order to* study English. (彼らは英語を勉強するためにアメリカへ行きました。)

in place of ～の代わりに	I used this pen *in place of* that one. (私はあのペンの代わりにこのペンを使いました。)
in those days そのころは	*In those days* people had no planes. (そのころには飛行機はありませんでした。)
in time for ～に間に合って	I was just *in time for* the train. (私はちょうど列車に間に合いました。)
on foot 歩いて	I usually go to school *on foot*. (私はたいてい歩いて学校へ行きます。)
on one's way to～ ～へ行く途中で	I met Tom *on my way to* school. (私は学校へ行く途中でトムにあいました。)
on one's way home 家へ帰る途中で	I lost my pen *on my way home*. (私は家へもどる途中でペンをなくしました。)
out of ～から（外へ）	They went *out of* the room. (彼らはへやから出て行きました。)
without ～ ing ～しないで	She read the book *without* us*ing* a dictionary. (彼女は辞書を使わずにその本を読みました。)
with a smile にっこり笑って	He stood up *with a smile*. (彼はにっこり笑って立ち上がりました。)

〈接続詞中心の熟語〉

as ～ as ～と同じくらい～	I am *as* tall *as* Tom. (私はトムと同じくらいの身長です。)
as ～ as ～ can できるだけ～	Let's work *as* hard *as* we *can*. (できるだけ熱心に働きましょう。)
as ～ as possible できるだけ～	Speak *as* clearly *as possible*. (できるだけはっきり話しなさい。)
as soon as ～するとすぐに	*As soon as* I left home, it began to rain. (家を出るとすぐに雨がふり出しました。)
both ～ and ～ ～も～も両方	*Both* Tom *and* Bill are my classmates. (トムもビルも私の級友です。)
either ～ or ～ ～か～かどちらか	Can you speak *either* English *or* French? (あなたは英語かフランス語のどちらかを話せますか。)
not only ～ but also ～ ～ばかりでなく～も	He can speak *not only* English *but also* French. (彼は英語ばかりでなく，フランス語も話せます。)

so ～ that ～ 　たいへん～なので	She is *so* old *that* she can't run. （彼女はとても年をとっているので走れません。）
too ～ to ～ 　あまり～で～できない	He is *too* tired *to* walk. （彼は疲れすぎていて歩けません。）

不規則動詞変化表

原形（意味）	過去形	過去分詞形	原形（意味）	過去形	過去分詞形
am (～である)	was	been	hit (打つ)	hit	hit
are (～である)	were	been	hold (たもつ)	held	held
become (なる)	became	become	hurt (傷つける)	hurt	hurt
begin (始める)	began	begun	is (～である)	was	been
break (こわす)	broke	broken	keep (たもつ)	kept	kept
bring (もってくる)	brought	brought	know (知っている)	knew	known
build (建てる)	built	built	lay (横にする)	laid	laid
buy (買う)	bought	bought	leave (去る)	left	left
catch (捕える)	caught	caught	lend (貸す)	lent	lent
come (来る)	came	come	let (させる)	let	let
cut (切る)	cut	cut	lie (横になる)	lay	lain
dig (掘る)	dug	dug	lose (失う)	lost	lost
do (する)	did	done	make (作る)	made	made
does (する)	did	done	mean (意味する)	meant	meant
draw (引く)	drew	drawn	meet (あう)	met	met
drink (飲む)	drank	drunk	pay (支払う)	paid	paid
drive (運転する)	drove	driven	put (置く)	put	put
eat (食べる)	ate	eaten	read (読む)	read	read
fall (落ちる)	fell	fallen	ride (乗る)	rode	ridden
feel (感じる)	felt	felt	rise (のぼる)	rose	risen
find (見つける)	found	found	run (走る)	ran	run
fly (飛ぶ)	flew	flown	say (言う)	said	said
forget (忘れる)	forgot	forgotten	see (見る)	saw	seen
get (得る)	got	got(gotten)	sell (売る)	sold	sold
give (あたえる)	gave	given	send (送る)	sent	sent
go (行く)	went	gone	set (置く)	set	set
grow (成長する)	grew	grown	shine (輝く)	shone	shone
has (もっている)	had	had	show (見せる)	showed	shown
have (もっている)	had	had	shut (とじる)	shut	shut
hear (聞く)	heard	heard	sing (歌う)	sang	sung

原形（意味）	過去形	過去分詞形	原形（意味）	過去形	過去分詞形
sit (坐る)	sat	sat	teach (教える)	taught	taught
sleep (眠る)	slept	slept	tell (つげる)	told	told
speak (話す)	spoke	spoken	think (思う)	thought	thought
spend (すごす)	spent	spent	throw (投げる)	threw	thrown
stand (立つ)	stood	stood	understand (理解する)	understood	understood
swim (泳ぐ)	swam	swum			
swing (ゆれる)	swung	swung	win (勝つ)	won	won
take (取る)	took	taken	write (書く)	wrote	written

名詞・形容詞・副詞の不規則変化

＜名詞の単数・複数＞

man(男)—men   woman(女)—women   foot(足)—feet
tooth(歯)—teeth   child(子ども)—children   ox(牡牛)—oxen
mouse(はつかねずみ)—mice

＊単数・複数同形のもの   fish(魚), sheep(ひつじ), deer(鹿), Japanese(日本人)

＜形容詞，副詞の比較級・最上級＞

good(よい)—better—best   well(よく)—better—best
many(多数の)—more—most   much(多量の)—more—most
little(少しの)—less—least   ill(bad)(悪い)—worse—worst

よく使う英会話基本文例集
―― 話す英語に強くなろう ――

　「聞くこと・話すこと」を重視している最新の英語学習では，会話特有の表現に慣れ，身につけてしまうことが大切です。
　対話がおこなわれる具体的な場面を設定しておきましたので，話す英語を積極的に使ってみてください。
　英会話上達のコツは，習うよりも慣れることが第一です。短時間でも興味のあるところから進めていきましょう。

〈日常のあいさつ〉

How are you?	ごきげんいかがですか。
I'm fine, thank you.	おかげさまで，元気です。
I haven't seen you for a long time. How's your family?	久しぶりですね。ご家族のみなさんはいかがですか。
They are all well, thank you.	おかげさまでみんな元気です。
Say hello to your sister.	妹さんによろしくいってください。
I'm on my way to the park. I'm taking a walk. Let's walk together.	いま公園へ行く途中です。散歩ちゅうですが。いっしょにウォーキングしましょうよ。
All right. I have plenty of time this morning.	いいですね。けさは時間がたっぷりありますから。

〈紹介〉

May I introduce Mr. A to you?	Aさんをご紹介します。
Mrs. B, this is Mr. A.	Bさん，こちらがAさんです。
How do you do, Mrs. B?	Bさん，はじめまして。
I'm glad to meet you.	お目にかかれてうれしいです。
I've often heard of you.	おうわさはたびたび伺っております。
This is my son, Taro.	こちらは私の息子の太郎です。
He's in the third grade of a junior high school.	彼は中学3年に在学中です。
He belongs to the English conversation club.	学校の英会話クラブに入っています。

〈応対〉

How about playing tennis?	テニスをしたらどうですか。
That's a good idea.	それはいい考えですね。
May I use this bike?	この自転車を使ってもいいですか。

Yes, of course.	ええ，もちろんです。
Shall I call a taxi?	タクシーを呼びましょうか。
Yes, please.	どうぞお願いします。
Thank you for your help.	お手伝いどうもありがとう。
You're welcome.	どういたしまして。
I'm sorry I don't understand.	すみませんが，よくわからないのです。
I beg your pardon? ↗	もう一度おっしゃってくれませんか。
Please make yourself at home.	どうぞお楽にしてください。
Will you have another cup of tea?	お茶をもう一ぱいいかがですか。
No, thank you.	もうけっこうです。

〈電話〉

Hello!	もしもし。
This is Tom speaking.	こちらはトムです。
Who are you calling?	どなたをお呼びですか。
Can I speak to Mr. Green?	グリーンさんをおねがいします。
Hold on, please.	電話を切らずにお待ちください。
I'm sorry he is out.	あいにく，外出しています。
Is there any message?	なにかお伝えすることがありますか。
I'll call back later.	あとでかけ直します。

〈健康〉

You look pale.	顔色がよくありませんね。
What's wrong?	どうかしましたか。
I caught a cold and have a slight fever.	風邪をひいて，熱が少しあります。
That's too bad.	それはいけませんね。
Did you see your doctor?	医師にみてもらいましたか。
You'd better take a medicine.	薬を飲んだほうがいいですよ。
Thank you for your kindness.	ご親切ありがとう。

Take care of yourself. I hope you'll get well soon.	お大事に。すぐよくなってくださいね。

〈招待〉

I'd like to invite you to my birthday party.	私はあなたを私の誕生会にお招きしたいのですが。
I'll be happy if you can come and join us next Saturday.	次の土曜日，参加していただければうれしい限りです。
Thank you for inviting me.	お招きいただいてありがとう。
I'm looking forward to it.	それを楽しみにしています。
By the way, do you know where my new house is?	ところで，私の新しい家をごぞんじですか。
I'll draw a map for you.	略図をかいてさしあげます。
What time shall I come?	何時に伺いましょうか。
At six, to my house, please.	6時に私の家にお願いします。

〈道案内〉

Excuse me, but can you tell me the way to the park?	すみませんが，公園へ行く道をおしえてくれませんか。
Sure.	いいですとも。
Go straight on.	まっすぐ行きなさい。
Then, turn right (left).	それから，右（左）へまがりなさい。
Cross the bridge and go along the river.	橋を渡って，川にそって行きなさい。
You'll see it next to the library.	図書館の隣りにあります。
Is the museum far from here?	博物館はここから遠いですか。
It's too far to walk.	歩くには遠すぎますよ。
How far is it?	どのくらいの距離ですか。
It's about two miles.	約2マイルあります。
How long will it take to get there?	そこまでどのくらい時間がかかります

About 50 minutes' walk.	歩いて50分かかります。
You'd better take a bus.	バスを利用したほうがいいですよ。

〈乗物案内〉

Excuse me, but does this train stop at Iidabashi?	すみませんが、この電車は「飯田橋駅」に止まるでしょうか。
No, it doesn't. This is an express.	いいえ。これは急行です。
Then I have to change somewhere to a local, don't I?	では、各駅停車に乗り換えないといけませんね。
Yes. The next stop is Yotsuya.	そうです。次が「四谷駅」です。
Get off there and come back on a local.	そこで降りて、各駅停車に乗って引き返すようにしてください。
Is it on the same platform (where I get off)?	（降りたところと）同じホームでいいのですか。
No, the platform is different.	いいえ、ホームは違います。
You have to cross the bridge.	連絡橋を渡らねばなりません。

〈趣味〉

What are your hobbies?	きみの趣味は何ですか。
My hobbies are fishing and watching baseball games.	ぼくの趣味は魚釣りと野球の試合を見ることです。
I've sometimes been to the Tokyo Dome with my father.	ぼくは父とときどき東京ドームへ行くことがあります。
Are you fond of computer games?	きみはコンピュータゲームが好きですか。
My sister likes listening to a new CD.	ぼくの姉は新しいCDをきくのが好きです。
By the way, is your brother good at surfing?	ところで、きみの兄さんはサーフィンがじょうずですか。

〈スポーツ〉

What kind of sports do you like?	どんなスポーツが好きですか。
I like skiing and skating.	スキーとスケートが好きです。
How about you, Tom?	トム,あなたはどうですか。
I like swimming very much.	水泳が大好きです。
We enjoy playing soccer.	ぼくたちはサッカーをして楽しみます。
I'm planning to go camping with my uncle this summer.	この夏には,おじとキャンプに行く計画を立てています。
Please join us.	仲間にはいりませんか。
In Japan, of course, Sumo wrestling is popular and other Japanese sports like judo and karate are also practised by many people.	日本では,もちろん,すもうは人気があり,柔道や空手のような他の日本のスポーツもたくさんの人々が練習しています。

〈レクリエイション〉

How do you usually spend your Sundays?	日曜日はふつう何をして過ごしますか。
I usually go to the park and play tennis with my friends.	公園へ行って,友人たちとテニスをします。
And how about you?	ところで,あなたの場合は?
I paint pictures. Sometimes I go to the Recreation Center and swim in the pool.	絵をかいています。ときどき,レクリエイション・センターに出かけて,プールで泳ぎます。
What does your sister do?	妹さんは何をしますか。
She takes care of her pets — a dog and little birds.	ペットの世話をします——犬と小鳥たちです。

〈クラブ活動〉

Good evening, Taro. Are you coming from school?	こんばんわ，太郎君。学校からの帰りなの？
Yes, I am a little late today.	ええ，今日はちょっと遅いんです。
What kept you at school so long?	どうして学校でこんなに遅くなったの。
I was doing some club activity.	学校でクラブ活動をやっていたんです。
What club do you belong to?	なんのクラブに入っているの。
I'm a member of the baseball club.	野球部の一員なんです。
What position do you play?	ポジションはどこ。
I play left field.	レフトです。

〈語学の勉強〉

How many hours of English do you have in a week?	英語は週何時間ですか。
Four hours.	4時間です。
Are most of students able to speak English?	大部分の生徒は英語を話せますか。
No, not very well. Some of them can speak pretty well.	いいえ，あまりうまくありません。中で数人がかなり話せます。
Ichiro, you are good at speaking English.	一郎君，きみは英語がじょうずに話せますね。
Thank you. I'll try to speak it every day.	ありがとう。毎日話すように努力しています。
My sister is learning French at college. She says it's very difficult.	ぼくの姉は大学でフランス語を学習中です。とてもむずかしいと言っています。

〈インターネットとホームページ〉

My family uses the Internet in various ways.	私の家族はいろいろな方法でインターネットを利用しています。
My father uses it for work, and my mother for shopping.	父は仕事に，母は買い物に使っています。
Do you use the Internet, too?	あなたもインターネットを使いますか。
Of course. In fact, I enjoyed talking on a movie homepage last night.	もちろんです。昨夜は映画関係のホームページで意見交換を楽しみました。
I hear that NASA has a homepage for children.	NASA（アメリカの国家航空宇宙局）には，子ども向けのホームページがあるそうです。
I want to look at NASA's homepage, but I don't know how to use the Internet.	NASA のホームページを見たいのですが，私はインターネットの使用法を知りません。

〈ビデオとアニメ〉

Did you watch "Rashōmon" last night?	ゆうべ，「羅生門」を見ましたか。
Of course, I did. It's great.	もちろん，見ました。すごくよかったです。
I often watch old Kurosawa videos. They are shown in many foreign countries.	私はよく黒沢監督の昔のビデオを見ます。それらは外国でも多く見られているんです。
What Kurosawa movie do you like the best?	どの黒沢作品があなたは一番好きですか。
The "Seven Samurai" is my favorite.	「七人の侍」がもっとも気に入っています。
Anime is very popular among young people.	アニメは若い人々の間でとても人気があります。

Japan is one of the largest markets for animation in the world.	日本は世界でももっともアニメの需要が大きい国の1つです。
What anime do you like the best?	あなたはどんなアニメが一番好きですか。
I like "Mononoke-hime" the best.	「もののけ姫」が大好きです。

〈日本の学校，日本の料理〉

What kind of school system do you have in Japan?	日本では教育の制度はどのようになってますか。
We have the 6-3-3 educational system.	6-3-3制です。
When does a new school year start in Japan?	日本では新しい学年はいつ始まるのですか。
It starts in April and ends in March.	4月に始まって，3月に終わります。
Do you eat rice for every meal in Japan?	日本では，毎回，食事にお米を食べますか。
Not so much as before, but it is still Japan's staple food.	以前ほどは食べませんが，お米はまだ日本の主食です。
What are some typical Japanese foods?	典型的な日本料理は何ですか。
Sushi, Sukiyaki, and Tempura are very popular. We also have many kinds of pot dishes.	スシ，スキヤキ，テンプラに人気があります。なべ料理にも種類がいろいろあります。
Are you a meat or fish person?	あなたは肉派（食肉愛好者）ですか，魚派（魚料理愛好者）ですか。

〈体験学習と将来の志望〉

What do you want to be in the future?	将来どのような仕事にかかわりたいですか。
I want to be a nursery school teacher.	保育園の先生をやってみたいのです。

Why? It's hard work, isn't it?	なぜ？骨の折れる仕事じゃありませんか。
First, I like children.	まず第一に，子どもが好きなのです。
Last month I had experiences of visiting a nursery school.	先月，保育園の体験学習をしたのです。
I played games and painted pictures with the children.	子どもたちとゲームをしたり，絵をかいたりしました。
I had a good time. So I want to work among children in the future.	楽しく時を過ごせました。ですから，将来は子どもの中に入って働きたいと思っています。

〈ボランティア活動〉

Where are you going?	どこへお出かけですか？
I'm going to help the old woman near my house.	家の近くのおばあちゃんのお世話をしに行くのです。
Oh, I see. How often do you help her?	そうなんですか。彼女のお手伝いの回数はどのくらいですか。
Once a week. I first helped her when I worked as a volunteer three years ago.	週に1回です。3年前にボランティアとして仕事をした時，はじめて彼女のお世話をしたのです。
Can I go with you?	あなたといっしょに行っていいですか。
Of course. Then you can make friends with her.	もちろんです。そうすればおばあちゃんと仲良しになれますよ。

〈お茶の時間〉

Well, let's have some tea.	さあ，お茶にしましょう。
Which do you like better, tea or coffee?	紅茶とコーヒーではどちらがよろしいですか。
I like tea better.	私は紅茶がいいです。
How do you like tea, strong or weak?	紅茶は濃い目ですか，それとも薄いのが。

Weak, please.	薄いのにしてください。
Do you take sugar in your tea?	お砂糖はいれますか。
No, I don't.	いれません。
How about lemon?	レモンはどうですか。
I like tea with a slice of lemon.	レモンティーが好きなんです。
Please help yourself to these cookies.	このクッキー，どうぞお取りください。
Thank you.	いただきます。

〈買物〉

May I help you?	いらっしゃいませ。
I want to get a sweater.	セーターを買いたいのです。
This way, please. How about this sweater?	こちらへどうぞ。このセーターはいかがでしょうか。
May I try it on?	着てみていいですか。
Good. But I like that color better than this one.	いいわ。でもこれよりもあの色のほうが気にいっているの。
Very nice. How much is it?	とてもすてき。おいくら？
Three thousand yen.	ちょうど3,000円です。
Here's the money.	はい，これで。（お金を出して）
Thank you. Please call again.	ありがとうございます。またお立寄りくださいませ。

〈贈り物とおみやげ〉

Here's a little present for your birthday.	はい，お誕生日のささやかな贈り物です。
Oh, thank you. Can I open it?	わあ，ありがとう。いまあけてもいい？
Sure.	ええ，どうぞ。
Oh, what a nice necktie! Thank you very much.	ああ，とてもすてきなネクタイだね。どうもありがとう。

You're welcome.	どういたしまして。
There's a little souvenir from France.	これ，フランスからのおみやげです。
Oh, thank you very much.	これはどうもありがとう。
What's in the box?	箱の中味はなんですか。
Open it, please.	あけてみてください。
Oh, a beautiful French doll!	まあ，きれいなフランス人形だこと。
Thank you for your kindness.	ご親切にどうもありがとう。
It's my pleasure.	どういたしまして。

〈スーパーマーケットで〉

Could I ask you a question?	ちょっとおたずねします。
I found this ad in today's paper. Do you know where these coffee beans are?	きょうの新聞にこのチラシがはいっていたのですが。このコーヒー豆はどこにありますか。
Yes, Aisle number three.	はい，それは3番のレーンにございます。
If I buy two, I can get one free?	2袋買うと，1袋ぶんはタダになるそうね。
You're right.	その通りでございます。
I'm also looking for butter.	それからバターもさがしているの。
Butter? Aisle number five.	バターですか。5番のレーンです。
Thanks.	どうも。
Sure.	どういたしまして。

〈ファーストフード店で〉

What can I get you?	ご注文は。
Two hanburgers and two colas, please.	ハンバーガーとコーラを2つずつください。
Large or small?	サイズはラージですか，スモールです

	か。
Large, please.	ラージにしてください。
Take out or for here?	お持ち帰りですいか，ここで召しあがりますか。
Eat here.	ここで食べます。
Just a minute or two.	１，２分お待ちください。
OK. Here.	わかりました。これで。（お金を出して）
Thank you. Six hundred and forty yen.	ありがとうございます。640円いただきます。

〈レストランで〉

May I have a menu, please?	メニューを見せてもらえませんか。
Certainly, sir.	かしこまりました。
May I take your order, please?	ご注文は何になさいますか
I'll have tomato soup, and salad.	トマトスープ，それにサラダも。
What kind of dressing, sir?	ドレッシングは何になさいますか。
Mayonnaise, please. And steak.	マヨネーズにしてください。それからステーキを。
How would you like your steak?	焼き加減はいかがいたしましょうか。
Medium, please.	ミディアムにしてください。
Do you want rice or bread?	ごはんかパンかどちらになさいますか。
I like bread.	パンにしてください。
Anything else?	ほかに何か。
Vanilla ice cream for dessert.	デザートにバニラアイスクリームを。
All right. I'll bring it right away.	かしこまりました。すぐにお持ちいたします。

〈国内旅行〉

Are you planning to go to Nagasaki this summer?	この夏，長崎に出かける計画を立てているの？

Yes, I am. I don't want to lose a chance to get there.	ええ，行くチャンスをのがしたくないのね。
Are you going by train or by plane?	列車で行くの，それとも飛行機で？
I haven't thought about it yet.	まだそれについては考えてなかったわ。
If you don't have much time for your holidays, the plane will be better.	休みがあまりなければ，飛行機のほうがいいよ。
Yes, but I think the train will be lots of fun.	そうね。でも列車のほうがずっと面白いと思うわ。
Of course. You can see a lot of places on the train.	そうとも。列車からだといろいろなところが見られるからね。

〈海外旅行〉

I think it's time to board the plane. Thanks a lot.	飛行機に乗る時間です。どうもいろいろお世話になりました。
Goodbye, have a nice trip.	さようなら，すてきな旅を。
Passport, please.	パスポートをどうぞ。
Here you are.	はい，ここに。
How long are you going to stay in Australia?	オーストラリアご滞在の期間はどのくらいですか。
About a month.	約1か月です。
What is the purpose of your visit?	海外旅行のねらいは何ですか。
Sightseeing. And I want to take a rest and refresh myself.	観光です。それに休息をとって，元気をとりもどしたいのです。

〈天気予報〉

What's the weather like today?	きょうのお天気はどうでしょうか。
It's sunny and warm.	晴れて，あたたかいですよ。
How about the weather on Friday?	金曜日にはどうなるのかしら。
It'll be rainy and cool.	雨で涼しくなりそうです。

How will the weather be this weekend?	週末のお天気はどうなるのでしょうか。
It'll be cloudy.	くもりでしょうね。
Nice weather we're having!	いいお天気ですね。
Today is a perfect day for our field day.	きょうは私たちの体育祭には絶好の日和(ひより)ですね。
It's been unusually hot this summer, hasn't it?	この夏は異常に暑さが続きますね。
It's always so humid in August.	8月はいつもすごく湿気が多いの。

〈初詣の打ち合わせ〉

Happy New Year, Tom!	トムくん,新年おめでとう。
The same to you, Ichiro.	おめでとう,一郎くん。
We're going to Meiji Shrine tomorrow, aren't we?	あす明治神宮に行くことになっているけれど。
Where shall we meet?	どこで逢うことにするかね。
Let's meet at Harajuku Station on the Yamanote Line.	山の手線の原宿駅で逢うことにしようよ。
What time shall we make it?	何時にしたらいいかしら。
Eleven?	11時はどう?
How about a little earlier, say, ten? There'll be a lot of people later in the morning.	もう少し早くしては,10時はどう？午前中も遅くなると,人出が多くなるからね。
All right. Harajuku, at ten.	了解。10時に原宿駅だね。
Don't forget to bring your camera.	カメラを忘れないように。

〈アメリカ人とのひと時〉

What part of America are you from?	アメリカのどちらからおいでですか。
I'm from New York.	ニューヨークからです。
How long have you been in Japan?	日本に来られてどのくらいになるので

For about three months.	約3か月です。
How do you like your life in Japan?	日本での生活はいかがですか。
I enjoy it very much. But there're too many people in Tokyo, aren't there?	とてもいいですよ。でも東京は人が多すぎませんか。
True. They've come from every part of Japan.	おっしゃる通りです。日本全国から集まってくるのです。
Tokyo isn't very different from New York.	東京はニューヨークとたいして変わりありません。
I'd like to see something really Japanese. So I'm planning to visit Kyoto or some place.	私としては、ほんとうに日本的なものを見てみたいのです。そこで、京都かどこかに行くつもりです。
If you go to Kyoto, don't forget to visit Nara, too.	京都へ行かれるのでしたら、忘れずに奈良もたずねてみてください。
Thank you for your suggestions.	いろいろ教えてもらってありがとう。

〈意見の違い〉

I'm sorry I don't agree with you.	残念ですが、あなたのご意見に賛成できません。
Would you tell me what's wrong with my plan?	私の計画のどこか悪いのか、言ってくれませんか。
I think we should wait until December.	12月まで待つべきだと思うのです。
But we have no time to waste.	しかしむだにする時間はないはずです。
Well, that's true. But I think we need more time to make a decision.	わかっています。でも、結論を出すにはもっと時間が欲しいのです。
I don't think so. I think you're wrong.	私はそうは思いません。あなたが間違っていると思います。

新版　ブランアップ中学英語総整理60日完成

2002年4月20日　初版発行
2005年3月30日　2刷発行

著　者　白　田　勇　吉
発行者　竹　下　晴　信
印刷所　㈱平　河　工　業　社
製本所　有限会社　友晃社製本
発行所　株式会社　評　論　社
（〒162-0815）東京都新宿区筑土八幡町2-21
電話 営業(03)3260-9409　FAX(03)3260-9408
　　 編集(03)3260-9406　振替 00180-1-7294

ISBN4-566-03581-6　落丁・乱丁本は本社にておとりかえいたします。

中学英語総整理 60日完成

高校受験

新版

解答編

評論社

1, 2年復習コース

第2日

1. (1)は現在, (2), (3)は過去, (4)は be going to～ の文にする。(5) if のあとの動詞は内容が未来のことであっても, 現在形を使う。
   圏 (1) イ (2) エ (3) エ (4) ア (5) イ

2. (1) 動詞に s が必要。 (2), (3) 短縮形を使う。 (4) will のあとは動詞を原形に。(5) 過去進行形の文に。「さがす」は look for
   圏 (1) begins (2) weren't (3) won't (4) be (5) looking

3. (1)「～してくれませんか」――「はい, しましょう」 (2)「私たちは～しましょうか」――「いいえ, よしましょう」 (3)「あなたがたは～するつもりですか」――「はい, そうです」 (4)「私が～しましょうか」――「はい, どうぞしてください」の関係を作ればよい。
   圏 (1) カ (2) オ (3) エ (4) ア

4. (1) 3・単・現に注意。(2) did→過去の be 動詞, do→～ing 形に (3) 動詞と副詞を入れ, 「とても好きだ」とする。(4)「私たちが～しましょうか」という表現にいいかえる。
   圏 (1) stands, goes (2) were, doing (3) likes, much (4) Shall we

5. (意味) ある日, トムと父親が散歩に出かけました。彼らがいなか道を歩いていたとき, トムは彼の前になにか見ました。彼はそこへ走って行って, 急に立ちどまりました。「お父さん, 見て。かえるがいるよ。ほら, 跳ぼうとしているよ。」とトムが言いました。
   圏 ① saw ② stopped ③ going

6. (1) 過去進行形の文にする。(2) Will you～? で文を始める。(3), (4) それぞれ文中に shall we, were going to を使う。
   圏 (1) My mother was cooking in the kitchen.
   (2) Will you have lunch with me?
   (3) What time shall we go out?
   (4) What were they going to do?

第4日

1. (3), (4)はあとに名詞があるかないかで, What, How の使い分けをする。 honest の発

音は [ónist]

答 (1) Let's go (2) Don't be (3) What an (4) How slowly

2 (1) some を any に (3) 過去の否定文にする。(4) You をとり, are を原形に (5) very をとる。冠詞に注意

答 (1) Are there any apples in the basket?
(2) Bill doesn't have lunch with us.
(3) My sister didn't read the book after supper.
(4) Be kind to the animals.
(5) What an old woman she is!

3 (1) 命令文に (2)「私たちが～しましょうか」の文に (3) ていねいな命令文に (4) 形容詞と be 動詞を入れる。

答 (1) Don't touch (2) Shall we (3) Tell, please (4) good, is

4 各文を(1)「あなたはこの前の日曜日にどこへ行きましたか。」(2)「彼らはなんとよい写真機をもっているのでしょう。」(3)「この犬をこわがってはいけません。」(4)「放課後ラジオをききましょう。」の内容にする。

答 (1) Where did you go last Sunday?
(2) What good cameras they have!
(3) Don't be afraid of this dog.
(4) Let's listen to the radio after school.

5 (意味) 暑い日でした。トムとスージーはお母さんと海へ行きました。彼らは海岸でいっしょに遊びました。トムは水泳を習いましたが，スージーはしませんでした。というのはこわかったからです。お母さんが彼らの写真をいく枚かとりました。それから彼女は浜辺に腰をおろし，そしてトムが彼女の写真をとりました。

答 (1) ① What a hot day it was!
② She didn't sit down on the beach.
③ Did Tom take her picture?
(2) didn't

6 (1) 主語以外に名詞がないので, How を使う。(2) Don't または You mustn't を使う。(3)「どんな本」what book (4)「～にしましょう」Let's make～.

答 (1) How long that bridge is!
(2) Don't (You mustn't) use this new ball.
(3) What book did you buy yesterday?
(4) Let's make the little dog our pet.

第6日

1 (3)「～するにはおよばない」 (4)「(眠ることが) できなかった」とする。

英語解答編 3

|1| 圏 (1) may (must でもよい) (2) don't (3) have (4) couldn't
|2| (3)〜(5)はそれぞれ短縮形を入れる。
　　圏 (1) must (2) may (3) mustn't (4) can't (5) shouldn't
|3| (1)「ねばならない」 (2)「〜しようとしている」にいいかえる。
　　圏 (1) must be (2) going to (3) were able (4) have to
|4| (1) Did で文を始める。 (2) will be able to を使う。 (3) この must は「ちがいない」、したがって「はずがない」の意味にする。 (4) will have to を使う。
　　圏 (1) Did she have to work all day?
　　　 (2) Will they be able to dance well?
　　　 (3) He can't be a foolish man.
　　　 (4) You will have to thank him.
|5| ①「よろしいですか。」②「しなければいけません。」③「いけません」の内容にすればよい。
　　圏 ① May ② must ③ mustn't
|6| (1) to をおぎなう。Do I で文を始める。 (2) not は不要。
　　圏 (1) Do I have to write it in ink?
　　　 (2) He won't be able to see his uncle.
|7| (1) May I〜? (2) will be able to (3) won't have to (未来)を使う。
　　圏 (1) May I use this knife?
　　　 (2) Jane will be able to play the piano well.
　　　 (3) You won't have to get up early tomorrow morning.

第8日

|1| (1), (2) 複数形に (3) 所有代名詞（〜のもの）に (4) 所有格に (5), (6) 目的格に
　　圏 (1) boxes (2) cities (3) hers (4) father's (5) him (6) them
|2| (1) 所有代名詞（〜のもの）を (2) 所有者をたずねる。 (3) How many のあとは複数名詞 (4) 目的格を入れる。(5)「その」という所有格を使う。
　　圏 (1) mine (2) Whose (3) children (4) them (5) its
|3| (3) glass のほうを複数形に (4) old man の前の冠詞に注意。 (5) 全部で5語の形を変化させる。
　　圏 (1) Here are two young ladies.
　　　 (2) These are good knives.
　　　 (3) Give me some glasses of water.
　　　 (4) There was an old man in the car.
　　　 (5) Those girls have some flowers in their hands.
|4| (2)「ひとりごとを言う」は「彼自身に話しかける」とすればよい。 (3), (4) について

はきまった慣用句がある。(5)「(2人の間で) たがいに」は one another ではない。

圏 (1) pieces　(2) himself　(3) others　(4) other　(5) other

5 (意味) ある日曜日，ジャックとビルは森へ遠足に出かけました。彼らは昼食を持参して，ピクニックをしました。その午後，家へもどってきたとき，彼らは「いつか天気のよい日にもう一度遠足をしよう。」と言いました。

＊ some fine ～の some は単数に使い，「ある～」の意味。

圏 (1) ア　(2) オ

6 (1) How many～? で文を始める。(2) 前，後半とも主語に it を使う。

圏 (1)　How many churches are there in your city?
(2)　It was cold yesterday, but it is a little warmer today.

第10日

1 (1) 2, 3人の　(2) 少しの　(3) いくらかの　(4) だれも (～できなかった)　(5) めいめいの　(6) どんな～

圏 (1) カ　(2) オ　(3) イ　(4) エ　(5) ウ　(6) ア

2 (1) 量をきく問いに　(2) 数をきく問いに　(3)「少しもなかった」とする。(4)「ずっと」という意味にする。比較級の前には very は使えない。

圏 (1) much　(2) many　(3) little　(4) much

3 (1) snow は量をあらわす名詞。a lot of は否定文，疑問文には使えない。(2)「晴れた日がすくなかった」とする。a few と few の意味のちがいを考える。(3)「コーヒーをもう一杯」とする。

圏 (1) much　(2) few　(3) another

4 (1)「たくさんの」と量をあらわす形容詞を使う。(2)「じょうずに」という副詞を入れる。(3)「注意深く」という副詞が必要。

圏 (1) much　(2) well　(3) carefully

5 (1) often, sometimes, usually, always の位置……一般動詞の前 (be 動詞があればそのあと) (2) 文尾におく。(3) such a ～ はきまった語順。

圏 (1) ア　(2) オ　(3) イ

6 (1) Did you see～? で文を始める。black は anything のあと。(2) 主語は very few people を使う。(3) every girl in ～ を主部にする。

圏 (1)　Did you see anything black at the door?
(2)　Very few people go to the village.
(3)　Every girl in our class likes music.

7 (意味) ここにインドの地図があります。インドはアジアでもっとも大きい国の1つです。北部にはヒマラヤ山脈があります。それらは高いです。インドの中央にデリーがあります。デリーはインドの首府です。デリーへは飛行機で行けます。

去年の夏に私はデリーへやってきました。ここへきて初めはだれも知りませんでしたが，現在では2,3人の友人がいます。私はときどき彼らとバレーボールをします。

圀 ① the ② the ③ × ④ × ⑤ a ⑥ ×

第12日

1 (1) 形容詞の最上級には the が必要　(2) 比較級を使う。(3)「～の中で」のあらわし方……in＋場所，of＋同類　(4) 比較級にする。

　　圀　(1) エ　(2) イ　(3) イ　(4) ウ

2 (1) early の最上級を　(2),(3),(4)はそれぞれ比較級を入れる。(3) as～as の間には原級が必要

　　圀　(1) earliest　(2) more　(3) better　(4) happier　(5) heavy

3 (1)「～よりよい」(2)「～の中で一番」(3)「もっとも速く走る」

　　圀　(1) better than　(2) best of　(3) run fastest

4 (意味) メアリーは12歳です。メアリーの兄のトムはメアリーよりも2歳年上です。ジェインはトムと同じ年です。ビルはジェインの弟です。彼はメアリーより4歳年下です。

　　圀　(1) 8　(2) 14　(3) 兄

5 (意味)　東京にはたくさんの車があります。しかしニューヨークにはもっと多くの車があります。東京の通りはニューヨークの通りほど広くありません。それらはニューヨークの通りよりも危険です。きのう私たちは公園へ行きました。そこにはたくさんの木や花がありました。その公園はニューヨークでもっとも美しい公園の1つでした。

　　圀　(many)→more　① as　② more　③ most

6 (1) 最上級の文に　(2) in の使い方がまちがい　(3) 比較級を強める語は very ではない。

　　圀　(1) younger→youngest　(2) in→of　(3) very→much

7 (1) many の比較級を使う。　(2)「一番むずかしい」the most difficult または the hardest　(3)「同じくらい速く」as fast as

　　圀　(1)　She has more dolls than I.
　　　　(2)　This question is the most difficult of all.
　　　　(3)　Can you swim as fast as Tom?

第14日

1 各問いの内容を　(1)「場所」(2)「時」(3)「人」(4)「物」(5)「理由」をたずねるものにする。

　　圀　(1) エ　(2) オ　(3) ア　(4) イ　(5) ウ

6　英語解答編

② (1)「どちら」 (2)「いく人」 (3)「どうしたのですか」 (4)「どのようにして」の問いを完成すればよい。
　　答　(1) Which　(2) many　(3) with　(4) How
③ (意味)　S：ごめんください。ここから駅までどのくらい距離がありますか。
　　H：約半マイルあります。S：そこまで歩いてどのくらい時間がかかりますか。
　　H：約15分かかります。S：ありがとう。列車の中での読みものが欲しいのだが。
　　H：そうですね，この本はどうでしょうか。S：よさそうだね。それをもらおう。いくらかね。H：2ドルです。ありがとうございます。
　　答　① ウ　② カ　③ オ　④ イ
④ (1) Can I help you? いらっしゃいませ。(2) What color どんな色　(3) big enough for you? 大きさはお客さまに十分ですか。
　　エ. I want to see 〜. 私は〜を見たいのです。キ. a little too small 少し小さすぎる。
　　答　(1) エ　(2) カ　(3) キ　(4) ウ　(5) ア
⑤ (意味)　A：けさはどこへ出かけたの？　M：駅の前の書店へ行ったわ。A：なにか買物をしたの？　M：ええ，小型の辞書と本を2，3冊買ったの。A：わたしも小型の辞書がほしいの。父は大きい辞書のほうが小さい辞書よりよいと言っているけど，わたしの辞書は大きすぎるわ。M：では，いますぐ買いに行ったほうがいいわ。書店にはほんの2，3冊残っているだけだから。
　　答　㋐ bought　㋑ books　㋒ better　㋓ one　㋔ too　㋕ had　㋖ only

第16日

① (1), (3)は主語が複数の点に注目。(2) 文尾の yesterday に注目。(4) be 動詞が必要
　　答　(1) エ　(2) イ　(3) ウ　(4) ア
② (1), (3) 過去の文なので，was または wasn't を使う。(2) shut に s がついていないので過去の文。(4) Did をとり，代わりに be 動詞を使う。(5) What を主語として文頭に使う。(6)「だれがこの手紙を書きましたか。」という文に。
　　答　(1) was stopped　(2) was shut　(3) wasn't begun　(4) Was, caught　(5) What was found　(6) Who wrote
③ (1) 現在の受動態を作る。(2) everybody は3人称・単数　(3) Mrs. Reed を主語に。3人称・単数なので，teaches となる。(4) She が主語になるので，like に s を忘れないように。
　　答　(1) Her socks are washed by her.
　　　　(2) Everybody likes him.
　　　　(3) Mrs. Reed teaches us English.
　　　　(4) She likes history.

④ (1) 現在の文に (2) 過去の文に (3) 受動態に (4) 進行形に
答 (1) eats (2) ate (3) eaten (4) eating

⑤ (1)「発見する」は discover (2)「使う」は use (3) 前の空所には短縮形を使う。(4) 開く (hold) の過去分詞を使う。
答 (1) was discovered (2) is used (3) wasn't heard (4) was, held

⑥ (意味) ある日，ある男が店でかめを買い，店主に言いました。「わたしはこのかめがとても気にいっている。このかめは長生きするだろうかね。」「はい，もちろんですとも。」と店主が言いました。男はそのかめを家へ持ち帰りましたが，その翌日かめは死んでしまいました。
答 ① A tortoise was bought at a shop by a man. (または by a man と at a shop を入れかえてもよい。)
② This tortoise is liked by me.
③ The tortoise was taken to his home by the man.

第18日

① (1) be made of＋材料, be made from＋原料 (2) 道具の前に使う前置詞は？
(3), (4), (5) いずれも by 以外の前置詞を使う。
答 (1) イ (2) オ (3) キ (4) ア (5) エ

② (1) 過去分詞のあとに for をそのままおく。(2)「～に興味がある」という表現にする。(3) make milk into butter (牛乳を加工してバターにする) を「牛乳から作られる」という表現に。(4) 前置詞を入れる。
答 (1) was looked for (2) interested in (3) made from (4) at

③ (1) 最後の部分は of by Tom となる。(2) covered のあとに使う前置詞は by ではない。(3), (4) They または People を主語に使う。
答 (1) The dog was taken care of by Tom.
(2) The top of the mountain was covered with snow.
(3) They (People) speak Spanish in South America.
(4) People (They) eat rice in China.

④ (1)「生まれる」は必ず受動態にする。(2) 前置詞を 2 つ入れる。(3) please には「喜ばせる」の意味がある。(4) by 以外の前置詞が必要
答 (1) born (2) at by (3) pleased (4) with

⑤ (1) be crowded with ～ でこみ合う。(2) be married 結婚する。(3) was injured けがをした (4) was drowned おぼれた, nearly 危うく ＊(1)～(4) とも「～された」とあつかわない特別な受動態。
答 (1) そのバスは人々でこみ合っていましたか。
(2) 彼らは来月結婚するつもりです。

(3) その少女は通りでけがをしました。
(4) その少年は危うく川でおぼれるところでした。

6 (意味) 私はあらゆる国で見つけられます。みんな私を見ています。みんな私を知っています。人々は買物に行くとき，私をつれていきます。私を手にいれるために働かなければならない人々がいます。売買は私によっておこなわれます。私は銅や，銀や，ときには紙で作られています。私は何でしょうか。
答 (1) money (2) find me in every country (3) I am known to everyone.
(4) by

3年強化コース

第20日

1 (1)間接目的語（～に）と直接目的語（～を）の順序を入れかえた場合……give, send などはその間に to, buy, make などはその間に for が必要　(2) look のあとには形容詞をおく。beauty（美）は名詞，beautifully（美しく），happily（幸福に）は副詞　(3)「この花をなんと呼ぶか」という文にする。　(4) 主語＋named＋目的語＋補語（名詞）の第5文型。be 動詞は不要。
答 (1) イ　(2) イ　(3) ア　(4) エ

2 (1), (4), (5)は目的語を2つもつ文にする。
答 (1) エ　(2) オ　(3) ア　(4) イ　(5) ウ

3 (3)「怒る」は get angry ときまったいい方がある。
答 (1) became　(2) show　(3) got　(4) made　(5) Bring

4 (1) 間接目的語と直接目的語とを入れかえたときにふつう使う前置詞は？　(2)「私にフランス語を教えてくれた」と書きかえる。(3) There are ～. で文を始める。　(4) think のあとに目的語を入れて，第5文型を完成する。
答 (1) to　(2) taught me　(3) There are, in　(4) her

5 (1), (2)はいずれも，主語＋動詞＋補語（第3文型）にする。(3)主語＋buy＋直接目的語（新しいかばんを）＋for＋間接目的語（妹に）の語順 (4)第5文型に
答 (1) The boy looked very tired.
(2) Did the young man become famous?
(3) I'll buy a new bag for my sister.
(4) The incident made black people angry.

6 ①動詞と目的語の部分を bought me a little dog または順序を入れかえて, bought a little dog for me とする。②動詞に made を使い，第5文型を完成する。③動詞に named

を使い，同じく第5文型に。
- 圏 ① Father (または My father) bought a little dog for me.
  ② I made the little dog my pet.
  ③ I named him Andy.

第22日

[1] (1)「行ったことがない」とするには，gone は使えない。(2) these ten years (この10年間) があるので，完了形を使って「継続」をあらわす。(3)「今までに」(4) When～? の文には完了形は使えない。(5) already は肯定の文に使うことに注意。
- 圏 (1) ア (2) エ (3) イ (4) エ (5) エ

[2] (1)「行ったことがある」と同じように，gone は使えない。(2) 疑問文なので already は使えない。(3) 前の空所には短縮形を入れる。「便りがある」hear from (4), (5) はともに継続の用法としての現在完了を使う。
- 圏 (1) have, been (2) Have, yet (3) haven't heard (4) has, been
  (5) haven't seen, for

[3] (1) は継続 (2) は結果を示す現在完了にする。(3) 現在完了の「結果」の用法を適用する。(4) 現在完了（継続）の文に
- 圏 (1) has been (2) has gone (3) have lost (4) has been (または lived) in, for

[4] (1)の文はうしろに since ～ があるので，「継続」の用法。(2) の文は文中に never があるので「経験」の用法
- 圏 (1) エ (2) ア

[5] (意味) A：私はしばらくあなたのお姉さんにお目にかかっていません。どうかしましたか。B：フランスへ出かけてしまいました。A：いつフランスへ行かれましたか。B：3か月前です。フランス語を勉強しに行きました。A：いつもどってきますか。B：たぶん来年の末でしょう。A：ところで，あなたは今までにヨーロッパへ行ったことがありますか。B：いいえ，ありません。しかし私の父は行ったことがあります。
- 圏 ① for ② gone ③ did ④ will ⑤ been ⑥ haven't

[6] (1) have been busy を中心に使う。(2) Have you ever ～? で文を始める。(3)「いつから」は How long を使えばよい。継続の内容なので現在完了を使う。
- 圏 (1) I have been busy since Monday.
  (2) Have you ever eaten Russian food?
  (3) How long have you collected coins?

第24日

[1] (1) to のあとの動詞は原形 (2)「こんなよい友人をもって」という意味にするために

不定詞を使う。(3)「道具」に使う前置詞をえらぶ。
　　圏　(1) ア　(2) ウ　(3) エ
② (1) be 動詞と不定詞を入れる。(2) 疑問文なので something は使えない。(3) 不定詞＋前置詞を入れる。(4) 動詞＋不定詞　(5) 主語として不定詞を使う。
　　圏　(1) is to go　(2) anything to　(3) to study in　(4) forget to write
　　　　(5) To climb
③ (1) 前に like があるので，名詞的用法。(2) すぐ前の名詞 (things) を形容している。(3)「あうために」と目的を示す（副詞的用法）。(4) すぐ前に感情をあらわす語 (surprised) があるので，「〜にあって」と原因を示す（副詞的用法）。
　　圏　(1) ウ　(2) エ　(3) イ　(4) ア
④ (1) likes の目的語としての動名詞を不定詞におきかえる。(2) 動名詞が主語として使われている文は仮主語の文 (It〜to〜) に書きかえることができる。(3) 子供たちは黄色い帽子をかぶらなければならない。→黄色い帽子をかぶることが子供たちには必要です。(仮主語の文にする)　(4) 彼は容易にその本を読むことができる。→その本を読むことは彼にはやさしい。(easily を形容詞にもどす)
　　圏　(1) to listen　(2) It, write　(3) for, to　(4) easy for
⑤ (2) It is で文を始め，不定詞の形容詞的用法を適用させる。(3) There is で文を始め，同じく形容詞的用法を応用する。(4) It's 〜 for 〜 to 〜 の文型にする。(5) 文の後半を名詞＋不定詞＋前置詞とする。
　　圏　(1) オ・ウ・イ・カ・エ・ア　(2) カ・イ・エ・ア・オ・ウ　(3) ウ・カ・エ・ア・キ・オ・イ　(4) キ・ウ・ア・カ・エ・イ・オ　(5) オ・イ・カ・ア・キ・ウ・エ
⑥ (1)「something＋形容詞＋不定詞」の順に並べ，「なにかつめたい飲みもの」とする。(2) take care of (〜のめんどうをみる) は熟語
　　圏　(1) イ　(2) エ
⑦ (1), (2)とも不定詞を入れる。snow には「雪」(名詞)，「雪がふる」(動詞) の2つの用法がある。(1) の「ふる」には fall という動詞を使う。
　　圏　(1) to fall　(2) to snow

第26日

① 3問とも「疑問詞＋不定詞」の語句にすればよい。
　　圏　(1) how to sing　(2) what to buy　(3) where to play
② (1), (3) 不定詞を入れる。(2) ask＋目的語＋不定詞の応用。(4) not と原形を入れる。(5) too 〜 to 〜 の文に。
　　圏　(1) to play　(2) asked, take　(3) to be　(4) not drink　(5) too, to
③ (1) so 〜 that 〜 can't 〜 ＝ too 〜 to 〜　(2) 上の文は打消しの命令文に，下の文の不定詞を打消すには，そのすぐ前に not をおけばよい。(3) (上の文)「私が〜しましょう

か。」（下の文）「私に～してもらいたいのですか。」(4)（上の文）「～するのに十分～だ」（下の文）「とても～なので～できる」
　　答　(1) that/too　(2) Don't/not　(3) Shall/me　(4) enough/can

4　(1) 疑問詞＋名詞＋不定詞の語順に注意。(2) ask＋目的語＋不定詞を応用する。(3) tell＋目的語＋不定詞を応用する。　(4) 形容詞＋enough＋不定詞を軸に使う。(5) too＋形容詞＋不定詞の文型にする。
　　答　(1) カ・エ・ア・ウ・オ・キ・イ　　(2) エ・イ・オ・ア・カ・ウ
　　　　(3) キ・カ・イ・ク・エ・ア・オ・ウ　(4) キ・エ・イ・カ・ウ・ア・オ
　　　　(5) ウ・キ・ア・オ・ク・イ・エ・カ

5　(1) where＋不定詞を使う。(2)「彼女は私を手伝うくらい親切だった。」という文にする。
　　答　(1)　She knows where to go next.
　　　　(2)　She was kind enough to help me.

6　said to, told をそれぞれ使った２文を作ればよい。said to には引用符, told には不定詞があとにくる。
　　答　(1)　Mother said to me, "Study hard."
　　　　(2)　Mother told me to study hard.（(1), (2) の順は不同でよい）

第28日

1　(1) 前置詞のあとは動名詞を使う。(2) want のあとは不定詞を使う。(3) enjoy のあとは動名詞にかぎる。(4) stop＋不定詞（～するために立ちどまる）, stop＋動名詞（～することをやめる）
　　答　(1) ウ　(2) イ　(3) ア　(4) エ

2　(1) 動名詞を主語に使う。　(2) for＋動名詞　(3) of＋動名詞　(4) about＋動名詞　(5) by＋動名詞
　　答　(1) Getting up　(2) for inviting　(3) of being　(4) about going
　　　　(5) by using

3　(1) like＝be fond of, of のあとは動名詞を使う。(2)「ダンスをすることがじょうずだ」とする。(3) without（前置詞）のあとも動名詞を使う。(4) in＋動名詞　(5) 上の文の before はあとに文がきているので接続詞。下の before は語句がくるので前置詞。したがって空所には動名詞を入れる。(6) mind（気にかける）のあとは, enjoy, finish と同様, 動名詞がくる。
　　答　(1) fond, playing　(2) good, dancing　(3) saying　(4) in listening　(5) going
　　　　(6) opening

4　(1) went on 続けた　(2) the best way 最善の方法　(3) truth 真実　(3) think of ～ について考える, Europe ヨーロッパ　(4) stopped ～ing ～することをやめた

(1) 彼はその本を読みつづけた。
(2) 最善の方法はほんとうのことを話すことです。
(3) 私はヨーロッパへ行くことについて考えています。
(4) 彼らは魚釣りをやめて，家へ帰り始めた。
(5) 海で泳ぐことは川で泳ぐことよりもやさしい。

5 (1) Answering 〜 を主語に使う。(2) be good at 〜 を使う。(3) enjoyed 〜 ing を使う。(4) finish+動名詞を使う。(5)「コインを集めること」collecting coins
圀 (1) Answering this question isn't easy.
(2) My sister is good at playing the piano.
(3) We enjoyed playing volleyball after school.
(4) Did you finish painting the picture?
(5) Is your hobby collecting coins?

第30日

1 (1)「泣いている赤ちゃん」とする。現在分詞を使う。(2)「くだけたガラス」は過去分詞を使って「くだかれたガラス」と英語では表現する。(3)「ドアのそばに立っている人」とする。現在分詞をえらぶ。(4) 過去分詞を使って，「その国で話されることばはドイツ語です。」とする。(5)「あなたのお母さんと話している婦人」とする。現在分詞をえらぶ。
圀 (1) ウ (2) ウ (3) ア (4) エ (5) イ

2 (1) 過去分詞にして，「英語で書かれた手紙」とする。(2) 現在分詞を使って，「木を切っている人」とする。(3) 過去分詞を使って「メイと呼ばれる少女」とする。(4) 過去分詞にして，「ペンキでぬられた壁」とする。
圀 (1) written (2) cutting (3) called (4) painted

3 (1) 名詞のすぐあとにおいて，「机に向かってすわっている人」とする。(2)「たくさんの色をぬられた卵」とする。eggs の前におけばよい。(3) 名詞のすぐあとにおいて，「ジョーンズ氏にとってもらった写真」とする。
圀 (1) ウ (2) オ (3) ウ

4 (1),(3),(4) は過去分詞を (2) には現在分詞を使う。
圀 (1) made (2) living there (3) story read by (4) filled

5 (1)「ここにグレイスによってとられた写真がある。」とする。(2) 名詞 (tree) のあとに現在分詞 (standing) を使って「丘の上に立っている木」とする。on the hill は付属語句。
圀 (1) taken by (2) tree standing

6 (1),(2)とも名詞のあとに過去分詞+付属語をおく。a girl named〜, the doll sent 〜 (3) the woman のあとに「現在分詞+付属語」を使う。

答 (1) I met a girl named Jane.
(2) This is the doll sent by my aunt.
(3) Who is the woman riding that bicycle?

7 (1) train（訓練する）を過去分詞にして使う。(2)「見つかった」→「見つけられた」，過去分詞を使う。(3)「少年」のあとに「バイオリンをひいている」という語句をおく。(4)「山」のあとに「雪でおおわれている」をおく。
答 (1) This is a trained dog.
(2) This is a cat found in the park.
(3) Who is the boy playing the violin?
(4) The mountain covered with snow is Mt. Fuji.

第32日

1 (1)～(3)は付加疑問文，(4)は時制の一致 (5)は間接疑問文の知識をためす問題。(3)は肯定の付加疑問文，(4)は「疑問詞＋主語＋過去の動詞」をえらぶ。
答 (1) エ (2) イ (3) ア (4) イ (5) ウ

2 (1),(2)は命令文の付加疑問はどうなるかを考える。(3),(4),(5)は前を否定に，したがってうしろの付加疑問は肯定になる。
答 (1) will you (2) shall we (3) is it (4) didn't, did he (5) can't, they

3 (1),(2)「疑問詞＋主語＋動詞～」の語順をまもって，間接疑問文を作る。(3),(4),(5)は時制の一致に注意する。(4) possible＝主語＋can（またはcould）(5)は so～that～ couldn't に書きかえるが，終わりの into のあとに1語を加える。
(例) This book is so difficult for me to read. →This book is so difficult that I can't read it. (it を加える)
答 (1) what you are making (2) where she studies art (3) might be late (4) he could (5) that I couldn't get into it

4 (1)～(4)は間接疑問文の知識をためす問題。(5)は did と didn't の順序をまちがえないように。
答 (1) カ・エ・ウ・オ・ア・イ (2) エ・カ・イ・ウ・オ
(3) イ・エ・カ・ウ・ア・オ (4) オ・ウ・カ・ア・エ・イ
(5) ウ・イ・カ・エ・ア・オ

5 (意味)（トム）けさは2，3分遅刻だね。きみの時計では何時？（メイ）遅刻ではないわ。私の時計では8時半よ。（トム）ぼくのは9時25分前。（メイ）そうね。私の時計のほうが正しいわ。朝食のとき，ラジオの時報に合わせたんですもの。（トム）では，ぼくの時計は5分進んでいるわけだね。（メイ）そうよ。遅れないですむわ。
答 ① aren't ② by ③ to ④ five ⑤ it

第34日

[1] who, whose, whom のえらび方……空所のすぐあとに,動詞または助動詞→who,名詞がきて,先行詞と「～の……」の関係になるとき→whose,主語がくるとき→whom
 答 (1) whose (2) whom (3) who (4) which (5) whom (6) whose

[2] (1)は目的格,(2),(4),(5)は主格,(3),(6)は所有格の関係代名詞を使う。(2)に入れる動詞は3・単・現に注意。(4),(5)の動詞は過去形に。
 答 (1) whom (2) who teaches (3) book whose (4) which was (5) who had (6) whose uncle

[3] まず2文の共通語をさがし,あとの文の共通語を関係代名詞におきかえる。
 (1) camera=It (2) girl=She (3) pictures=them (4) boy=His
 (2),(4)は girl, boy のすぐあとにうしろの文を挿入することに注意。(4)の a は the に
 答 (1) Bill has a camera which (that) is better than mine.
   (2) The girl who (that) served coffee was Alice.
   (3) These are pictures which (that) Mr. Green painted last year.
   (4) The boy whose left hand was hurt came along.

[4] (1)は関係代名詞＋動詞 (2)関係代名詞（所有格）＋名詞＋be (3)関係代名詞（目的格）＋主語にそれぞれおきかえる。
 答 (1) which (that) stands (2) whose eyes are (3) that (whom) I

[5] (1)は主格 (2),(3)は目的格,あとは先行詞が人か物かで判断する。
 答 (1) who (2) which (3) whom

[6] (2)は(1),(3)とちがい,先行詞 (the lady) が先頭にきて,主語になる。
 答 (1) This is a car which was made in Germany.
   (2) The lady that wrote this book was a famous singer.
   (3) We visited the city whose history was very old.

第36日

[1] (1),(3)は前に all, the most lovely があることに注意。(2)はうしろに名詞があるので所有格を。
 答 (1) ウ (2) エ (3) エ

[2] (2),(3)は every ～,疑問詞があるので注意。(1),(4)はすぐあとに名詞があるので,そこからヒントをえる。
 答 (1) whose (2) that (3) that (4) whose

[3] 先行詞となる名詞のすぐあとに入れればよい。
 (各文の意味) (1) これは私がなくしたのと同じ時計です。(2) 私たちがしなければな

らない最初のことは狼をつかまえることです。(3) このクラスで勉強する少年はみなアフリカからきています。

答　(1) ウ　(2) イ　(3) ア

4 各文の that の用法をよく確かめること。(1) 形容詞, (3), (5) 接続詞, (2), (4), (6) 関係代名詞

答　(1) オ　(2) エ　(3) イ　(4) カ　(5) ア　(6) ウ

5 省略できる目的格の関係代名詞はそのすぐあとに主語がきている。

答　ア, ウ, カ

6 (1) car　(2) apples　(3) letter のあとに関係代名詞が省略されていることに気づけばよい。

答　(1)　マイクが運転している車を見なさい。
(2)　私たちがけさ食べたりんごはおいしかった。
(3)　これは彼が私に書いた最初の手紙です。

7 (1),(2)は関係代名詞の省略された文を，(3)は関係代名詞に that を使う。

答　(1)　Paris is a city everyone wants to visit.
(2)　That's the museum we visited five years ago.
(3)　This is the most beautiful bird that I've ever seen.

第38日

1 (1)「～からずっと」，現在完了の文に注意。(2)「休み中ずっと」(3) between は 2 つの間, among は 3 つ以上の間を示す語　(4)「～なくては」(5)「まわって」(6)「1 日か 2 日で」

答　(1) エ　(2) イ　(3) エ　(4) ウ　(5) イ　(6) ア

2 (1),(2)「道具」,「乗物」の前に使う前置詞は？　(3) in ではない。(4)「あなたはどうしたのですか」という文に。(5)「～に対して」(6)「家へ帰る途中で」

答　(1) with　(2) by　(3) of　(4) with　(5) for　(6) on

3 ①「といっしょに」　②「～の中へ」(in ではない)　③「～から」(out ～の熟語を作る)　④間接目的語（～に）をうしろにまわしたときに必要な前置詞は？

答　① with　② into　③ of　④ to

4 (1) make, buy の場合は to ではない。(2) in front of は「～の前に」　(3)「赤い屋根をもった」とおきかえる。(4)「歩いて」という熟語にする。

答　(1) for　(2) before　(3) with　(4) on

5 (1)「～を笑う」は laugh at　(2) 不定詞の形容詞的用法には前置詞をともなう場合がよくある。（例）He has no house to live in.

答　(1) ウ　(2) オ

6「～の代わりに」という意味の for をえらぶ。for には「ために」,「対して」,「向かっ

て」,「〜の間」,「代わりに」などいろいろな用法がある。
图 イ
7 名詞に this, that, next などがついているときは，その前に前置詞は不要。
图 イ, エ

第40日

1 (1)「そして」(2)「〜と」(3)「しかし」(4)「そうしないと」（命令文のあとに注意）
(5)「〜から」(6)「〜か〜かどちらか」
图 (1) and (2) that (3) but (4) or (5) since (6) or

2 各文を (1)「私がもどってくるまで，どうぞここにいてください。」(2)「右へまがれば，その建物が見つかるでしょう。」(3)「彼の父親が死んだ時，彼は小さい子供だった。」(4)「すぐによくなってくださいね。」という意味にすればよい。
图 (1) イ (2) ウ (3) ア (4) オ

3 (1)「たいへん〜なので〜」(2)「だから〜」(3)「〜なので」(4)「あまり〜で〜できなかった」
图 (1) so, that (2) so (3) As（または Because） (4) too, to

4 图 (1) Both, and (2) as, as (3) As soon as

5 (1)下の文の before は接続詞なので，空所には主語（代名詞）と動詞を入れる。(2)「もしあなたが急がなければ」とする。(3)「とても〜なので〜できた」の文に。(4)「私が子供だったとき」
图 (1) he wrote (2) If you don't (3) so, that, could (4) when I was

6 (1) when には，接続詞（ときに），疑問副詞（いつ）の各用法がある。(2) that にも，代名詞（あれは），形容詞（あの，その），接続詞（〜と），関係代名詞の用法がある。
图 (1) エ (2) ウ

7 (1) so 〜 that 〜 (2) as 〜 as possible を使った文を組み立てる。
图 (1) She is so kind that everyone likes her.
   (2) You must drive the car as safely as possible.

入試対策コース

第42日

1 それぞれ (1) [uː] (2) [i] (3) [e] (4) [əːr] (5) [au] (6) [əːr] (7) [ð]
(8) [z] の音をえらぶ。house は複数になると houses [hauziz]

英語解答編　17

2　それぞれ　(1) [u]　(2) [ou]　(3) 黙字　(4) [tʃ] 以外のものをえらぶ。
　　圏　(1) エ　(2) ウ　(3) イ　(4) オ

3　(1) [e]　(2) [z]　(3) [ʌ]　(4) [t] の音をえらぶ。(1)の read は過去形　(2)の use は動詞なので [juːz] とにごる。(3) won [wʌn] 勝ちえた（win の過去）
　　圏　(1) ウ　(2) エ　(3) ア　(4) ウ

4　(1) [æ]　(2) [ai]　(3) [ei]　(4) [au] の音をえらぶ。
　　圏　(1) カ　(2) キ　(3) ウ　(4) イ

5　(1) [əːr]　(2) [u]　(3) [z] 以外の音をえらぶ。
　　圏　(1) ウ　(2) ア　(3) オ

6　(1) [miːt]　(2) [θruː] の同音異義語を書く。(1) あう　(2) 投げた
　　圏　(1) meet　(2) threw

第44日

1　圏　イ, エ, キ, ケ, ソ

2　(1)あとの音節　(2)最初の音節　(3)最初の音節　(4)最後の音節　(5)中間の音節にアクセントのあるものをえらぶ。
　　圏　(1) ウ　(2) ア　(3) エ　(4) オ　(5) イ

3　圏　(1) ○　(2) ×　(3) △　(4) ○　(5) △

4　(区切る要領) (1) 長い主部のあと　(2) 前置詞の前　(3) 真の主語の前　(4) は(1)と同じ考え方。(5) 接続詞の前
　　圏　(1) ウ　(2) ウ　(3) エ　(4) エ　(5) オ

5　[A]「あなたの場合は？」の気持ちが察せられればよい。[B] 所要時間が問題
　　圏　[A] ウ　[B] オ

6　(1), (2)は問いの疑問詞がヒント。(3)は or に注目すればよい。
　　圏　(1) study　(2) this　(3) on

第46日

1　圏　(1) ウ　(2) エ　(3) エ　(4) イ　(5) ア

2　(1) hard むずかしい, 熱心に　(2) fall 秋, 落ちる　(3) well じょうずに, 元気な　(4) still まだ, じっと
　　圏　(1) イ　(2) ア　(3) ウ　(4) イ

3　(1) 料理をするためのへや　(2) においをかぐのに使う身体の部分　(3) 飛ぶ動物　(4) もどる　(5)おそくない　(6) あなたのお父さんまたはお母さんの姉（妹）
　　圏　(1) サ　(2) ス　(3) キ　(4) イ　(5) エ　(6) ウ

4 (1) 夜 (2) 早く (3) 買った (4) 金持ちの (5) 忘れた（過去分詞）の各語を入れる。
   答 (1) night (2) early (3) bought (4) rich (5) forgotten
5 (1)「9番目の」(2)「オレンジ」(3)「かさ」の正しいつづり字を書きこむ。
   答 (1) ninth (2) orange (3) umbrella
6 (1)「速く」,「単語」,「最初の」について，母音の部分の発音を比較してみる。
   (2)「娘」,「買った」,「ボート」の母音の部分の発音を比較してみる。
   答 (1) ア (2) ウ

第48日

1 (1) call on (人を) たずねる (2) get to ～につく (3) put on 着る (4) get on 乗る (5) make up his mind (彼が) 決心する
   答 (1) キ (2) エ (3) ケ (4) オ (5) イ
2 (1)「もちろん」(2)「バスで」(3)「できる」(4)「～から」(5)「たがいに」の語句を入れればよい。
   答 (1) ウ, キ (2) イ, ケ (3) ク, ア (4) オ, ウ (5) エ, カ
3 (1)～(4)とも，形容詞＋前置詞の連語を入れる。
   答 (1) afraid of (2) late for (3) proud of (4) absent from
4 (1) a lot of は数・量どちらの名詞にも使う。(2) will の代用語句は？ (3) 3・単・現に注意。(4)「2人とも」(5)「コーヒーを飲むにはあまりに年が若すぎる」と書きかえる。(6) in front of 前に
   答 (1) much (2) going (3) likes (4) Both (5) young (6) before
5 (1)「彼は管弦楽団に所属し，バイオリンをひくのがとてもじょうずです。」という文におきかえる。(2)前の文を「とても～なので～」とし，あとの文を「～するのに十分～」とまとめればよい。
   答 (1) ア. plays イ. belongs, good (2) ア. so イ. enough

第50日

1 次のように各文の構文上の特徴をしっかり押さえてから文を作る。
   (1) 主語＋動詞＋目的語＋補語 (2) I don't know＋間接疑問文 (3) I want you to～。
   (4) It ～ for ～ to～。 (5) The mountain＋過去分詞 ～ is……。 (6) The man＋現在分詞 ～ is……。
   答 (1) オ・ウ・ア・エ・イ   (2) カ・エ・イ・オ・キ・ア・ウ
       (3) エ・カ・イ・オ・ウ・キ・ア (4) キ・ア・カ・エ・イ・ク・ウ・オ
       (5) オ・ウ・ク・イ・エ・キ・カ・ア (6) ク・ウ・ア・エ・カ・オ・イ・キ

2 各文のポイントをしっかりとらえてから文を組み立てることが大切。

(1) How＋形容詞＋主語＋動詞！ (2) something のあとに不定詞をおく。 (3) the girl のあとに現在分詞～を (4) never は have と過去分詞の間に。終わりの部分は such an ～ となる。(5)「私がその名を知らないいくつかの木がある。」という文に。(6) I don't know のあとを間接疑問文に (7) to me を最後におく。

答 (1) pretty your little sister is (2) give me something to eat
(3) the girl singing over there (4) never read such an interesting book
(5) several trees whose names I don't know
(6) don't know who wrote this letter (7) gave a beautiful doll to me

3 (1) 間接疑問文の中には do や does は使わない。(2) 前の部分の動詞に is going を使うので，付加疑問のほうに doesn't は不要。

答 (1) Do you know where he lives?
(2) Your father is going to America, isn't he?

4 (1) 比較級＋than (2) went ～ing (3) 前置詞＋the way (4) 動詞＋目的語 (5) 3語からなる熟語を入れる。

答 (1) earlier than (2) went fishing (3) on the way (4) told us (5) as soon as

5 次のように要点をまとめてから，作文にとりかかればよい。

(1) like ～ best of ～ (2)接続詞には as (because),「雨がふっていた」は it was raining (3) How about ～ing で文を始める。(4) Please give ～. で文を始める。「なにかあつい飲みもの」something hot to drink (5) had better と as ～ as possible (または you can) を使う。

答 (1) I like spring (the) best of the four seasons.
(2) As it was raining, he didn't come.
(3) How about listening to (the) music after supper?
(4) Please give me something hot to drink.
(5) You had better walk as slowly as possible (または you can).

第51日

(問1) ⑦「〜へ」 ④「〜の」 ⑨「自身の」
(問2) ① 現在完了の文なので,過去分詞を ②「なぜ」と理由をきく ③「しかし」
　　　 ④ enjoy のあとは動名詞を用いる。
(問3) 「変えるように努めなければならない」とする。
(問4) 「あなたの考え方は型にはまっています」とは,日本人が,アメリカ人は日本食を食べられないと考えることと,アメリカ人はみんなパンとステーキを食べていると考えること
(問5) ① come の過去形 ②「質問」(複数形) ③「アメリカの」 ④「変える」 ⑤「たくさん」
(問7) ア．[e]と[iː] イ．両方[ei] ウ．両方[ʌ] エ．両方[uː] オ．[s]と[z] カ．両方[θ]

> (意味) 若いアメリカの少女が去年の夏,私たちの学校へきました。私たちの英語の先生が彼女を私たちに紹介し終わったとき,私たちは彼女に日本食についてたくさんの質問をしました。
> 「さしみを食べられますか。」「すしが好きですか。」「すきやきを食べたことがありますか。」
> 彼女は私たちのすべての質問に「はい」と答えました。私たちはびっくりしました。それから彼女は言いました「なぜみなさんは私にこのような奇妙な質問をするのですか。みなさんは,私が日本食を食べられないと思っていますね。みなさんは,私たちがいつもパンを食べていると思っていますね。パンを食べる人もいますが,食べない人もいるのです。」
> 先生が「みなさんの考え方は型にはまっていますよ。」と言いました。
> 私はこのようなむずかしいことば(stereotyped)を知りませんでしたが,先生の説明によってその意味を理解することができました。
> テレビでパンとステーキを食べているアメリカ人を見ると,私たちは,アメリカ人はみんな同じ食物を食べるのだと思ってしまいます。私たちはテレビを見たり,本を読むなどして,このような型にはまった考え方をもってしまいます。
> 私たちは,考え方がまちがっているとわかったとき,それを変えようとしなければなりません。
> アメリカの生徒が日本を去るとき,彼女は「私は6か月間みなさんの学校で楽しく勉強しました。ありがとう。」と礼を言いました。
> 私たちは彼女からアメリカとアメリカ人についてたくさんのことを学びました。
> 私はアメリカへ行って,私自身の目でその国を見たいと思っています。

答 (問1) ⑦ to ④ of ⑨ own
　　(問2) ① eaten ② Why ③ but ④ studying

(問3) must try to change
(問4) ア, エ
(問5) ① came ② questions ③ American ④ change ⑤ lot
(問6) イ, ウ, カ
(問7) ア, オ

第52日

(問1) A) for winter「冬にそなえて」 B) enjoy yourselves「楽しむ」 C) house under the ground「地下の家」 D) all day and all night「昼も夜もずっと」 E) never「決して〜しない」
(問2) a lot of に対する語は no
(問3) laughed のあとは at by〜 と続く。
(問5) some は平叙文, any は疑問文, 否定文に使う。

（意味）きりぎりすが野原に住んでいました。たくさんのありも同じ野原に住んでいました。ありは働くのが好きでした。夏に彼らは一日中野原で働きました。彼らはたくさんの小麦を集めました。彼らはその小麦を地下の自分たちの家へ運びました。彼らは冬にそなえてたくさんの食糧を貯えておきたかったのです。彼らは一生けんめいに働きました。なんと彼らはかしこかったのでしょう。

しかし, きりぎりすは熱心に働こうとしませんでした。彼は一日中バイオリンをひいて, 歌いました。彼はありたちを見てあざ笑いました。彼はありたちに向かって言いました。「きみたちはなんて愚かなんだろう。なぜ, 一日中一生けんめい働くんだい。なぜ歌って, 遊ばないのかね。なぜ楽しもうとしないのかね。わたしは歌って, 遊ぶのが好きなんだよ。」

やがて, 冬がきました。とても寒くなりました。ありたちは野原で働くことができませんでした。そこで家にいました。彼らは地下の家にたくさんの小麦を貯えていました。彼らは小麦を食べ, 一日中歌いました。夜はずっと眠りました。彼らはなんと幸福なありたちでしょう。

しかし, なまけもののきりぎりすはとても悲しみました。彼は大へん空腹でしたが, 家には食糧がありませんでした。野原には小麦もありません。そこで彼はありたちの家へ行きました。彼はありたちに「空腹でたまらない。わたしにいくらか食糧をめぐんでください。」と言いました。

しかし, ありたちは言いました。「なぜ食糧をもっていないんだろう。7, 8, 9月には野原にたくさんの小麦があったのに。なぜ夏と秋に小麦を集めなかったのかね。」

きりぎりすが答えました。「夏と秋には昼も夜もずっと歌っていたので。」

次にありたちが言いました。「きみはほんとうにぐうたらなきりぎりすだね。なまけものにあげる食糧はないよ。さよなら。」

そして，彼らは歌をうたい始めました。──「われわれありは決して借りない。われわれありは決して貸さない」と。

答 (問1) A) 彼らは冬にそなえてたくさんの食糧を貯えておきたかった。
　　　　　B) どうして楽しまないのですか。
　　　　　C) 彼らは地下の家にたくさんの小麦を貯えていた。
　　　　　D) きりぎりすが答えた。「夏から秋には昼も夜もずっと歌っていた。」
　　　　　E) われわれありは決して借りない。われわれありは決して貸さない。
(問2) There was no wheat in the field.
(問3) The ants were laughed at by him.
(問4) ㋑ July ㋺ August ㋩ September
(問5) 〔ア〕some 〔イ〕any 〔ウ〕any 〔エ〕any
(問6) d
(問7) 1, 4, 5, 6, 7

第53日

(問1) 「驚く」は受動態で表現するので，過去分詞が必要。
(問2) ㋐ 付加疑問文を作る。㋑「〜に属する」という熟語を作る。
(問3) How+形容詞+主語+動詞！の語順にする。
(問4) ① 「〜をもった」，「〜のついた」という意味に用いられる with をえらぶ。
　　　⑤ 「〜するために」(目的を示す副詞的用法)をえらぶ。
(問5) ② as 〜 as 〜 could (できるだけ〜) ④ It は仮の主語
　　　⑥ この please は動詞で「喜ばす」という意味
(問6) so 〜 that 〜 can't (couldn't) 〜 = too 〜 to 〜

(意味) トムは森の中を見まわしました。彼はだれも見ていないと思いました。そこで彼はたくさんの大きい赤い花のついている木を掘りあげ始めました。彼は精いっぱい作業をしました。そしてその木をとり出すことができました。彼はその木を見て，にっこりしました。「この木はなんと美しいのだろう。」と彼は言いました。「そうとも。」と彼のうしろでだれかが言いました。トムはほんとうにびっくりしました。彼がふりむくと，彼のうしろに背の高い人がいました。その人は森の警官でした。トムはすっかりこわくなって，動くことができなくなりました。

　その人は彼に何をしたのでしょうか。その人はただトムに静かな声で少しはなれた別の場所にその木を植えもどすように言いました。掘ることは簡単ではありませんでした。しかしトムは懸命に掘らなければなりませんでした。

　ついに彼はその木を植えもどすことができました。その人はにっこりしてトムを見て，静かな声でいいました。「ここは国立公園だということを知っているね。ここにあ

> るものはみんな私たちのものなんだよ。この森を見るために遠くからたくさんの人々が来てくれる。この美しい木も見たいだろうね。もしきみがこの木をきみの庭へ持ち去ると，きみは満足かもしれない。しかしここにおいておけば，非常に多くの人々を楽しませるだろう。」
> 　トムはその木を家にもっていこうとしたことをほんとうに後悔しました。

答　（問1）　ウ　（問2）　㋐ don't　㋑ to　（問3）　オ・ウ・ア・エ・イ
　　（問4）　②エ　⑤エ
　　（問5）　②　彼はできるだけ熱心に仕事をしました。
　　　　　　④　掘ることは容易ではありませんでした。
　　　　　　⑥　それ（その木）はきみを満足させるかもしれない。
　　（問6）　too, to　（問7）　エ, カ, ク, ケ　（問8）　ウ, ク　（問9）　ウ, カ
　　（問10）（1）near　（2）noisy（または loud）

第54日

（問1）「地面になにか小さいものを」という内容に。small（形容詞）は something のあとにおく。
（問2）　ⓐ 所有格を入れる。　ⓑ「買いに出かけた」とするために，不定詞を使う。　ⓒ 中へ　ⓓ 未来の文にする。free は形容詞なので動詞が必要。
（問3）　㋐「～するとすぐ」の語句に　㋑ 付加疑問文に　㋒「～を思いつく」という熟語にする。　㋓「ほほえんで」という熟語に　㋔「ついに」
（問4）「連れていった」という用法を
（問5）「主語＋動詞＋目的語＋補語」の文なので，目的語（the bird）を受動態の主語に使う。Chirp（補語）を前へ出してはいけない。
（問6）　not ～ enough to ～＝so ～ that ～ can't（couldn't）～
（問7）　④ すぐ前の名詞（way）を形容する。
　　　　⑤ 前の began の目的語になるので，名詞的用法。
（問8）　時をあらわす副詞句のあとで区切る。
（問9）（1）[au]　（2）[eːr]　の音をえらぶ。
（問10）（1）うしろの音節　（2）前の音節にアクセントのある語をえらぶ。

> （意味）　ある朝，テッドとジューンは公園へ行き，地面になにか小さいものを見つけました。「小鳥だわ。」とジューンが言いました。「でも飛べないの。」
> 　「たぶんその翼が折れているのだろう。」とテッドが言いました。「家へつれて帰りましょう。」とジューンが決心しました。「そうだね。南の方へ飛んでいけないもの。」とテッドが言いました。
> 　ジューンは手にとってその鳥を注意深く運びました。子供たちは家へ帰るとすぐに，

その鳥を両親のところへもっていきました。
「そうだね。飼ってみよう。」とお父さんが言って，鳥かごを買いに出かけました。子供たちはその小鳥にチャープという名をつけました。2，3週間たつと，チャープは少し元気になりました。しかし南の方へ飛ぶほど強くなってはいませんでした。「チャープ，お前は南へ飛んで行きたいんだろうね。」とテッドがききました。
そしてそのときとつぜんテッドはチャープを助ける方法を思いつきました。ジューンがその話をきいたとき，彼女も兄さんと同じように興奮しました。
その翌日の放課後，テッドとジューンは箱をもって空港へと急ぎました。チャープはその箱の中にいました。彼らは事務所へ入っていきました。しばらくして，彼らはスチュワーデスのホワイトさんといっしょに出てきました。彼女はその箱をもっていました。彼女はにこにこして言いました。「私がテキサスに着いたら，この鳥をはなしてあげます。」
まもなく飛行機が空に舞いあがり始めました。子供たちは「さようなら，チャープ。」と叫びました。チャープはついに南へと飛んでいきました。

图 (問1) オ・ウ・エ・イ・ア (問2) ⓐ イ ⓑ ウ ⓒ エ ⓓ ア
(問3) ㋐ as ㋑ don't ㋒ of ㋓ with ㋔ at (問4) ウ
(問5) The bird was named Chirp by the children.
(問6) that, couldn't (問7) ④ エ ⑤ ウ (問8) イ
(問9) (1) ウ (2) ア (問10) (1) ア (2) エ

第55日

(問1) 受動態にするため，過去分詞形に。
(問2) 受動態を完成する。
(問3) 「叫ぶ」という語をさがす。
(問4) ヒントは前文の Please open the cage.（命令文）だが，「もし開けていただければ」と考える。
(問5) I have been in 〜「ずっと〜の中にいる」
(問6) 問題は2文になっているが，The man was so surprised that he could not speak. と同じ意味なので，too 〜 to 〜 にいいかえられる。
(問7) 「いっさいのこと」everything 「〜に〜を話す」tell 〜 to 〜
(問8) How で始まる文に。
(問9) 「このおれが……」と主語を強調する。
(問10) 「おりに入るためのたった1つの方法は何かね」という意味の文を作る。
(問11) ① 反意語 ② 名詞形 ③ 名詞形 ④ 過去形 ⑤ 同音異綴語を書く。
(問12) e.「すぐに」という熟語にする。

(意味) 昔，一頭のとらがあまりにもがんじょうなおりの中にとらえられました。とらはおりから外へ出ようと懸命でしたが，出ることができませんでした。

そのとき，老人がそばにきました。とらは大声をあげました。「このおりの戸をあけて．／」

「きみ，とんでもないよ。」と老人が言いました。「私には戸はあけられない。もしそうしたら，お前はわたしを食べてしまうだろうから。」

「いや，食べたりはしないよ。」ととらが叫びました。「頼むから，戸をあけてください。お礼をたっぷりしたいから。」

とらは叫び出しました。老人はしばらく考え，それからおりの戸をあけました。戸があけられたとき，とらはおりからとび出してきました。「じいさんは馬鹿だね。」と，とらが言いました。「ずっと前からあのおりに入っていて，おれはとても空腹なんだ。お前を食べてしまうぞ。」

老人はとてもびっくりしてしまい，口をきくことができませんでした。彼は「それはよくないことだ」というのが精いっぱいでした。

ちょうどそのとき，犬が来ました。その老人はいっさいのことをその犬に話しました。

「ところで，あなたがおりの中にいて，そこへとらが来たのですね。」とその犬がたずねました。

「ちがう．／ お前はとても愚かだな。おれさまがおりの中にいたんだ。」ととらは怒り声でどなりました。

「とらくん，きみはどうやっておりの中に入ったんだい。」と犬が言いました。

「おれがどうやっておりに入ったかって？ たった１つの方法しかないさ。」ととらが大声を出しました。「とらくん，おりに入るためのたった１つの方法というのは何かね。」

とらはおりの中へとびこみました。「このやりかたさ」

「ああ，そうとも，今わかったよ」と犬は言って，急いで戸をしめてしまいました。

このようにして善良な老人は助けられました。

答 (問1) caught
(問2) be eaten by
(問3) shout
(問4) b
(問5) ずっと前からあのおりに入っていて，おれは空腹なのだ。
(問6) too to
(問7) The old man told everything to the dog.
（または The old man told the dog the whole story.）
(問8) How foolish you are!
(問9) a

(問10) What is the only way to get into the cage?
(問11) ① weak ② life ③ hunger ④ taught ⑤ two (または to)
(問12) (a) strong (b) man (c) would (d) tiger (e) once

第56日

(問1) Bookstores in Japan が主語の部分。the books we buy（われわれが買う本）もまとまった語句。books と we との間に関係代名詞が省略されている。
(問2) nature（自然）の意味を考えれば問題ない。
(問4) ② He learned that～ で文を始める。以下は本文の最後の文をそのまま答えればよい。
(問5) 紙の浪費と自然保護
(問6) 〔発音上まちがえやすい語〕other[ʌア], says[eエ], wood[uウ], lose[u:ウー], should[uウ], earth[ə:アー]

（意味）　日本の書店は私たちが買う本をきれいな紙でカバーします。それからデパートでも私たちが買う品物をりっぱな包装紙でつつむか，美しい紙袋に入れてくれることもよくあります。私はペンやノートのような小物がすてきな紙袋の中に入っているのを見たりすると，びっくりします。私の心の中の一部では「こんなすてきな紙袋をもらっていいのかしら」と迷います。しかし心の別の部分では「その紙袋をもらっておいてよい」という言い分もあります。
　私たちの周囲には，たくさんの紙があります。私たちは日常生活であまり考えずに多くの紙を使っています。数日前に，私はテレビを見て，日本がコスタリカから多量の木材を買いつけていることを知りました。その木材全体に対してどんなことが起こるのでしょうか。たぶんその多くは加工されて紙になります。もし日本が紙を製造するために外国から大量の木材を輸入するならば，私たち日本人はそのことについて大いに考えてみなければなりません。多量の紙を消費することは，たくさんの樹木を絶滅させることになります。樹木を絶やすことは鳥や動物を失うことになります。この現象は私たちがまもなく自然とのつり合いを失うということになるのです。もし私たちが自然との均こうを失えば，私たちの美しい緑の大地は消滅し，私たちはもはや生きることができなくなります。現在自然は世界の多くの地域で滅亡しつつあります。自然を救うために，私たちは何をすべきかを認識することが私たちにとってとても重要なのです。
　私は昨年ヨーロッパ一周旅行をしました。私がそこで買った品物は日本のようなりっぱな用紙で包装されていませんでした。ヨーロッパの人々はそんなに多量の紙を使っていませんでした。この旅行は私に大切なことを教えてくれました。——それは——美しい包装紙を使う，使わないに関係なく，よい品物はよい——ということでし

た。

答　(問1)　2と5　　(問2)　1
　　(問3)　(ア) good　(イ) paper　(ウ) use　(エ) trees　(オ) birds（または animals）
　　　　　(カ) animals（または birds）　(キ) Losing　(ク) earth
　　(問4)　① Yes, they do.　② He learned that a good thing is（または was）
　　　　　good, with or without beautiful paper.
　　(問5)　2　　(問6)　ウ, エ, キ, ケ　　(問7)　ア, カ

第57日

(問2)　ⓐ「出前と呼ばれる食事」とする。ⓑ「〜ばかりでなく〜もまた」の連語にする。ⓒ have＋目的語＋過去分詞で「〜を〜してもらう」となる。ⓓ「〜が処理される」という慣用句にする。「人の世話をする」の場合と同じ表現。ⓔ mind＋動名詞で「〜することを気にする」という使い方になる。

(問4)　(1) ask them to repair（彼らに修理するように依頼する），what is wrong（どこが故障しているのか）　(2) anything that we can (do)（できることは何でも），take care of ourselves（自分たちのことは自分たちで始末する），with as little money as possible（できるだけお金をかけずに），little の前に a がないので，否定に扱う。

(問5)　「便利だが，便利すぎるのは〜である」の内容を表すことわざを選ぶ。

（意味）　私はオーストラリアからきて，日本には数年間います。私は日本の文化についていくつかの興味あることを書いてみたいと思います。
　日本では，いろいろな種類の品物が毎日各家庭に配達されます。新聞，牛乳，米，ビール，さらに「出前」と呼ばれる驚異に値する食事などです。日本を訪れる多くの外国の観光客は幸いに歯ブラシ，カミソリなどが各個室に無料で備えられていることに気づきます。やがて彼らのほとんどはバッグに歯ブラシやカミソリをいっぱい入れて帰国します。私たち外国人は最初は日本の生活はなんでもとても便利なのですばらしい――私たちは何の苦労もなくとても安楽に生活できる――と思ってしまいます。
　もう1つの便利なものは自動販売機です。ほとんどすべてのものが自動販売機を通して購入できます。清涼飲料，たばこばかりでなく，ビール，ウイスキー，雑誌，ハンバーガー，花でさえも買えます。あなたは写真屋さんの援助を必要としないでパスポートの写真がとれます。日本のドライバーたちは彼らのピカピカの車を手作業ではなく，機械で洗車してもらうためにガソリンスタンドへ運びます。日本のドライバーは自分の車が故障すると，どこが具合が悪いのかを見つけ出したり，自分でそれを修

理しようと努力する代わりに，すぐに修理屋へ車をもっていってしまいます。それからどこが故障しているのかを知ろうともせずに，車の修理を従業員に依頼します。ごらんのように，日本人は便利なのはとても大切なことだと思っています。日本人は物を便利にしてしまうことが上手だと言えるでしょう。しかし，日本人の便利な生活様式の背後には危険もあるのです。ほとんどすべてのものを配達してもらえるけれども，配達は品物を割高にします。ホテルの部屋に用意してある歯ブラシは部屋代の一部に加算されています。たとえホテルの客が自分の歯ブラシを持参しても，部屋に用意した歯ブラシの代金は払わなければなりません。昔の日本のことわざに「過ぎたるは及ばざるがごとし」というのがあります。24時間作動する自動販売機は危険な可能性をもっています。というのは未成年者が販売機を通してビールや不道徳な雑誌を購入できるからです。洗車の機械はたくさんの水や電気を消費します。日本のドライバーは車がどのように動き，どのように手を加えたらよいのかよく知りません。というのは専門の修理業者にあまりにも頼りすぎるからです。

　日本人はたくさんのお金を「便利さ」のために使うのを気にしないで，他に頼ることが好きなように思われています。私たち西欧の文化圏では，まずできるだけお金をかけずに，自分のことは自分で始末しようと，できることは何でも努力します。「自立する」というのは，私たちの文化ではもっとも重要なことの1つです。私は日本の人々に生活があまりにも便利すぎないかどうかについて，じっくり考えてもらいたいと思っています。

答　(問1)　① 1　② 2
　　(問2)　ⓐ called　ⓑ but　ⓒ washed　ⓓ of　ⓔ spending
　　(問3)　(ア) foreign visitors　(イ) his car　(ウ) their cars
　　(問4)　(1) 彼は自分の車の故障原因を知らないまま，ただ車を修理してくれるように修理業者に頼むだけである。(2) まず私たちはできるだけお金をかけずに自分のことは自分で始末しようと，できることは何でもやってみる努力をする。
　　(問5)　5　　(問6)　2　　(問7)　3，5，8　　(問8)　ウ，カ，シ

第58日

(問1)　ⓐ 関係代名詞のあとを受動態にする。ⓑ「疑問詞＋主語＋動詞〜」(間接疑問文)の語順にする。ⓒ it〜for〜to〜 の構文にまとめる。
(問6)　for (前置詞) のあとは，動名詞 (〜ing 形) にしなければならない。
(問8)　時を示す語句のあとと，長い主部 (Mrs. Green〜town) のあとで切る。
(問9)　[A] の音をさがせばよい。
(問12)　(1)「カナダにいるおば」aunt in Canada, aunt who lives in Canada, aunt

living in Canada, 「～に手紙を書く」write (a letter) to～　(2)「英語を教えるために」to teach English

（意味）　マイクはイーストサイドと呼ばれる町に両親といっしょに住んでいます。彼は15歳です。彼は友だちのビルとディックといっしょに学校へ行きます。彼らはみんな歌をうたうことが大好きです。

　6月のある朝，彼らはいっしょに学校へと歩いていました。野球場の近くにきたとき，彼らはそこにたくさんの人がいるのを見ました。彼らは人々が何をしているのか知りたいと思い，野球場の中へ入りました。「何をしているんですか。」とマイクがたずねました。「老人用の新しい家を建てているのさ。町議会から話があってね。」とその中のひとりが答えました。

　「老人の家だって？　ぼくたちはそんな話聞いていないよ。」とディックが意外な顔をし，「じゃあ，放課後ここで野球ができなくなるね。」とビルが言いました。

　「そのことについては心配ないんだよ。まもなく学校の近くに新しい野球場ができるからね。ずっと大きくなるよ。」と別の人が答えました。

　マイク，ビル，ディックの3人が学校へ着くと遅刻でした。ウェルズ先生がなぜ遅刻したのかききました。彼らは先生と級友に登校途中で知った情報を話しました。そこでウェルズ先生が「この町にはたくさんの老人がいる。老人の多くはひとり暮らしで，援助が必要なのだ。町議会も老人がいっしょに生活するのはよいことだと考えるようになった。」と説明しました。

　放課後，マイク，ビル，ディックは老人のことを話し合うためにもう一度あいました。彼らは老人のために新しい家を建てることだけでは十分ではないと思いました。生徒であっても老人たちのために何か役に立つことをすべきだと考えました。マイクが「老人たちを訪れ，歌をうたってあげてはどうだろうか。」と提案し，ビルとディックはマイクの考えはすばらしいと賛成しました。

　翌日，マイクと友人の2人は，他の生徒たちに彼らの考えを伝えていきました。まもなく生徒たちによるたくさんのボランティア・グループが老人たちの訪問を開始しました。美しい歌をうたうグループもあれば，老人と懇談するグループもありました。

　ある日，マイク，ビル，ディックの3人は町でもっとも高齢のひとりであるグリーン夫人をたずねました。彼らは夫人のために歌をうたいました。彼らの歌をきいたあとで，グリーン夫人は「どうもありがとう。長い間こんな美しい歌を聞かなかったわ。わたしは昔音楽の教師だったので，歌がとても好きなの。」と言いました。それから彼女のたくさんの写真を見せてくれ，彼女の暮らしぶりについても話してくれました。3人は彼らの学校生活について夫人に語りかけました。彼らは夫人の家に数時間いました。グリーン夫人は生徒たちと楽しい1日をすごしました。彼女は心から生徒たちのために何かしてあげたいと思いました。

　数か月後，老人たちの新しい家が完成しました。ある日の午後，町にいるグリーン

夫人と他の数人の老人が学校で校長先生に面会しました。彼らは校長先生にボランティア・グループ全員に感謝を表すたくさんの手紙を手渡しました。グリーン夫人は生徒たちのためにたくさんの音楽の本を寄贈してくれました。夫人は「いうまでもなく，私たちは新しい家に入れてしあわせです。しかし，あなたの学校の生徒さんたちが私たちをたずねてくれるときは，もっとうれしいのです。歌をきいたり，若い生徒さんと語り合うことは，私たちの生活の大切な部分になります。あなたの学校の生徒さんたちは私たちに新しい希望を与えてくれました。」と礼をのべました。

圏 (問1) ⓐ ウ・イ・エ・ア ⓑ エ・ア・ウ・イ ⓒ イ・エ・ア・ウ
(問2) ア (問3) (A) new (B) houses (問4) イ (問5) ウ
(問6) singing (問7) ア (問8) ア, エ (問9) ウ, オ
(問10) ウ (問11) (A) build (B) enough (C) teacher (D) visited
(問12) (1) I'm writing (a letter) to my aunt [who lives または living] in Canada. (2) Last year Miss Wood came to Tokyo to teach English.

第59日

(問1) ＜語句の意味＞ (A) I am afraid that～（～ではないかと心配だ），not～but……（～ではなく……），keep～out of……（～を……から閉め出す） (B) completely（完全に），unreal（非現実的な），one は world を示す。
(問2) すぐ前の文から，1つ例を選び出す。
(問3) 2つ前の文を参考にする。so は manga are entertaining のこと。
(問5) shut out（締め出す）
(問6) (1) 受動態に (2) by ではない。 (3) 関係代名詞（所有格）を (4)「～に必要ない」とする。 (5)「少なくとも」という熟語に。
(問7) (1)「若者の好きな製品」とする。 (2) 本文の下線部(a) self-study をヒントに。(3)「楽しい時を過ごす」(4)「～するのはおもしろい」(5)「現実の世界」とする。
(問8) (1) 成功する (2) 異なる (3) 音楽家 (4) 不可能な――の各語を入れる。

（意味） ウォークマンは日本でもっとも成功した製品の1つです。その名が示すように，それは人前で，特に歩いたり，動いたりしている間に使われます。そのよい点は外国語のテープを使って時間を有効に利用したり，音楽を聞いて旅行を楽しくしたり，最近のニュースや料理番組その他を聞いて，自学自習ができることです。宣伝でも自学自習と楽しく過ごせるの両方を強調しています。そしてこれらの長所だけが私がたずねたメーカーや利用者のだれからも口にされます。
　しかし男女の利用するたくさんのウォークマンを見ていると，ある考えが私の心に浮んできます。長所よりも弱点のほうが大きいという可能性はないでしょうか。私は

ウォークマンが人気のあるのは，耳に何か情報を入れるからではなく，耳に何も入らなくするからではないかと心配なのです。2つの理由からそういう考え方が心に浮かんできます。まず第1に，私は今までに語学や料理学習の利用者の邪魔をしたことはありません。私が心配なのは，ウォークマンの利用者がポップ，ロック，演歌のいりまじった非常な高音に耳を傾けていること，第2として，ウォークマンは日本で広まっているもう1つのもの——マンガと同じように利用されていることです。

マンガは日本でとても人気のあるこっけいな本です。多くの種類の週刊，月刊のマンガが出版され，販売されています。どの列車，地下鉄，公園のベンチも見開かれたマンガに目をうばわれた人々でみちあふれています。マンガ界では自学自習などといった宣伝文句もありません。実のところ，マンガを宣伝する必要はないのです。というのはすでにマンガは大きい成功の実績をあげていたからです。マンガはおもしろいと言われています。少なくとも私がきいてみた読者はこのように答えています。彼らが心からそう言ったとしても，これは真実ではありません。しかしいろいろ学習し，多くの人と面談したうえで，私は事実に目を開かせてくれるような解答をえました。マンガは一種の持ち歩きのできるテレビであり，それは他のことをしながら——座ったり，立ったり，待ったりしながら，十分楽しく心をみたしてくれるものだと言われました。

さて，ウォークマンとマンガとの橋わたしができました。マンガと目の関係はウォークマンと耳の関係と同じです。両方とも全くよくない理由から楽しいものです。その特徴は入れることではなく出すことにあるのです。テレビ同様，ウォークマンもマンガも締め出すのです。それらは何をそんなにうまく締め出すのでしょうか。生活そのものを，立ったり，座ったり，群がる人々を，都市の騒音を，興味はないが，静かな村の生活を締め出してしまうのです。

マンガは現実の世界よりも好まれる全く非現実の世界を見せてくれます。

ウォークマンは騒々しい時間と静かな時間の両方を締め出したもう1つ別の非現実的な世界を私たちに提供してくれます。日本の若者たちは閉鎖的になります。目は非現実的なもの以外にも見えなくなり，耳はイヤフォーンでふさがれ，すべての感覚がかたく閉ざされてしまうのです。

答 (問1) (A) ウォークマンが人気があるのは，耳に何か情報を入れるからではなく，耳に何も入らなくするからではないかと心配である。 (B) マンガは現実の世界よりも好まれる全く非現実な世界を見せてくれる。

(問2) 外国語のテープを聞くこと（または最近のニュースを聞くこと／料理番組を聞くこと）

(問3) マンガはおもしろいということ　　(問4) 1　　(問5) 4

(問6) (1) sold　(2) with　(3) whose　(4) need（または necessity）　(5) least

(問7) (1) favo(u)rite　(2) ourselves　(3) good（または great）　(4) fun　(5) real

(問8) (1) succeed (2) different (3) musician (4) impossible

第60日

(問1) ㈰「〜にちなんで」 ㈪「身につけた」 ㈫「〜に（着く）」 ㈬「〜のための」とする。
(問2) (4)「あなたが彼らを探すのを手伝っていいですか」 (6)「彼は自分を助けてくれるほかの人を必要とした」という文を作る。
(問3) A.「きょうは行けません。医者にあわないといけないので」
  B.「どうしたのだ」 C.「いや，行ってないよ。声が聞こえたから」
(問4) イ．疲れていたので──→ゆっくりと　ロ．どろぼうが家にいるから来てくれ──→急いで　ハ．どろぼうのいる所へふみ込むのだから──→気をつけて　ニ．ドアを開けたら──→すばやく明かりをつける
(問5) (3) It は仮の主語。to 以下が真の主語　(9) with〜here みんなここにいるので
(問6) 「その町は」を主語にしてはいけない。「AからBまでの所要時間」を表すには「It takes＋所要時間＋to go from A to B〜」を使う。
(問7) (2)「船の中の魚」 (5) すぐあとの文がヒント　(7) 前の文の複数形をさす。 (8) 2つ前の文に場所を示す語句がある。

（意味） ベルフォードの小さい町は英国の南部の海辺にあります。その町はロンドンから列車で2時間ほどで行けます。町の中をベル川が流れていて，町の名は川にちなんでつけられています。川にそっていくつかのホテルがあります。
　ジム・リードは朝食を食べ，家の窓から外を見ていました。川と海には船が浮かんでいました。海鳥が船の上を飛んで，船の中の魚を見おろしていました。ジムはすてきな青い目と黒い髪をもった背の高い男でした。きょうで27歳になりました。婦人雑誌に恋愛小説を書くのが彼の仕事でした。彼はほんとうは犯罪に関する小説を書きたかったのです。彼はベルフォードでよく警官の手伝いをするのが好きでしたが，ベルフォードではあまり犯罪がおこりませんでした。ジムは卵を食べ終え，コーヒーを飲んで，ベルフォードニュースに目を移しました。第一面に次のような記事がのっているのを読みました。
　『ベルフォードに盗賊
　昨日，ベイカーストリートのドリス・プール夫人宅から賊が金を盗みました。今週，賊はベルフォードの他の3軒の家からも金を盗んでいます。プール夫人の話によると，別に音もなく，テレビの前で眠りについたところ，物音がして，気がついたらドアがあいたままに。賊はへやの机からお金をうばったもよう』
　その日の午前10時30分に，ジムは警察署のトム・バーロウ巡査部長に面会しました。

「トム部長，こんにちは」とジム。部長は「やぁ，ジム，盗賊の記事を読んだかね」とききました。「読みましたよ。犯人を探すのを手伝っていいですか」のジムの提案に対して「お願いするよ。援助が必要なので。犯人を見つけ出すのは容易ではないからね。」「たぶん犯人はベルフォードには住んでいないでしょう」とジム。彼はトム部長の役に立ちたいと思っていました。

　「今日の午後，ホテル客全員に会って，質問をしてみるつもりだ。わたしといっしょに来てみたいかね」とトム部長が言ったところ「今日はだめです。午後2時半に，イグザータで医者にあう予定なのです。たぶん明日はお手伝いできるはずですが」とジムが返事をし，「よし，わかった，ありがとう」とトム部長が言いました。

　ジムは警察署を出て，車でイグザータへ行きました。医者をたずねて，遅くなってしまいました。その市で夕食をし，車でベルフォードへもどりました。今は暗くなってしまい，彼は車を家の近くの芝生へと動かしてきました。

　彼は長い1日を過ごしたあと，疲れ果てていたので，玄関の方へゆっくり歩いて行きました。突然彼は立ちどまりました。「あの音はなんだろう？」彼は家の中に物音を聞きました。中に人がいるのだ！　彼は注意深く耳を傾けました。そうなのだ，また物音がしたではないか。それは彼の家の中を静かに歩く人の足音でした。「シッ」と家の中で声がありました。だから2人は家の中にいるのだ。どろぼうだ！

　ジムは大柄で強健な男性でしたが，彼はもう1人彼を援助してくれる男が必要でした。彼はバーロウ巡査部長に来てもらうようにしなければなりません。すばやく，しかし静かにジムは警察署へと走りました。あいにく，そこにはだれもいなかったので，部長の家へ向きを変えました。部長の家までは遠くなかったが，ジムは腹が立ってきました。「時間をむだにしてしまった。おそらく盗賊たちはもう立ち去ってしまったのではないか」と不安でした。

　彼は道路をわたり，走って引き返しました。まもなくトム部長の家に着きました。彼の靴は道路で大きな音を立てました。トム部長には彼（ジム）が近づいてくるのがわかったので，急いでとびあがり，入口へ走って行って，ドアをあけました。「どうしたんだね？」「どろぼう！　ぼくの家に。いっしょに来てください。」「なんだと。もっとゆっくり話して。なんと言ったの」「どろぼうがいまぼくの家の中にいます。彼らの物音を聞きました。トム部長，急いでください。」「わかった。ちょっと待って。コートを持ってくる。」

　10月の夜は寒かったが，ジムの身体はすでに走ったため，あたたまっていました。2人はジムの家へと走り，家の前で止まりました。「よし，ジム，きみはここにいなさい。きみは警官ではないから。たぶん賊は銃をもっているにちがいない。」「いいえ，行動を共にしますよ。そこには2人またはそれ以上いますから。ぼくの援助も必要でしょう。」「わかった，ジム。でも気をつけるんだ。」

　音を立てずに，彼らは正面の入口に移動し，耳をすましました。「物音が聞こえない。たぶん姿をくらましてしまったんだろう」とトム部長が落着いて言いました。

「逃げてませんよ。声が聞こえました。よく聞いてください。」とジム。
　よく聞くと，トム部長にもその声が聞えました。「よし，正面入口のキーを渡して。わたしが開けてみよう。そうしたら，ジム，きみはすぐに明りをつけるんだ。いいかね？」「了解」とジムが答えました。
　部長は注意深くドアをあけました。ジムはあいたドアからとび込んで，明りをつけました。「ジム，誕生日，おめでとう。誕生日，おめでとう。」とへやの中で20人が呼びかけてきました。彼らは町からきたジムの友だちでした。「ジム，きみをあっと言わせようと計画したパーティなんだよ」と彼らが種あかしをしました。ジムはトム部長を見てほほえみ，部長もえみを返して「さて，ここにいるのだから，一杯いただこう。ジム，いいかね？　きみのお客さんもみんなここにいるのだから，どろぼうは今夜は来ないだろうな」と言いました。

答　(問1)　㈰(3)　㈪(4)　㈫(2)　㈬(1)
　　(問2)　(4) Can I help you to look for them?　(6) he needed another man to help him
　　(問3)　A. (3)　B. (1)　C. (2)
　　(問4)　イ. (4)　ロ. (2)　ハ. (1)　ニ. (3)
　　(問5)　(3) 女性雑誌のために恋愛小説を書くのが彼の仕事だった。　(9) あなたのお客さんがみんなここにいるから，あなたのどろぼうは今夜来ないだろう。
　　(問6)　It takes about two hours to go from London to the town by train.
　　(問7)　(2) the boats　(5) a noise　(7) the thieves　(8) at the front of the house